Dein Mindset –
Jeder schreibt seine eigene Lebensgeschichte

MARKUS MENSCH

Dein Mindset

Jeder schreibt seine eigene
Lebensgeschichte

Bibliografische Information der Deutschen Nationalbibliothek:
Die Deutsche Nationalbibliothek verzeichnet diese Publikation
in der Deutschen Nationalbibliografie; detaillierte bibliografische
Daten sind im Internet über https://portal.dnb.de/ abrufbar.

Lektorat, Satz, Umschlaggestaltung, Herstellung und Verlag:
BoD – Books on Demand, Norderstedt

ISBN: 978-3-7562-7208-2

Inhalt

Bevor wir starten

Schon wieder ein Buch über »Mindset«, werden Sie jetzt denken – und in gewisser Weise haben Sie recht. Jedes Jahr erscheinen gefühlt drei Dutzend Bücher zu diesem Thema. Alle sind sie wertvoll, weil sie vermutlich alle die gleichen Kernaussagen beinhalten: dass wir mit der Kraft unserer Gedanken direkten Einfluss auf unser Leben haben, dass wir niemals aufgeben sollen, weil wir nicht wissen, welche Abenteuer am nächsten Tag auf uns warten – solche Dinge. Das nächste Buch über Mindset also.

Richtig. Aber dieses Buch ist anders!

Ich nehme Sie in diesem Buch mit auf eine Reise. Auf meine Reise durch die Zeit, durch mein Leben. Ich zeige Ihnen, wo ich herkomme und wie ich zu dem Marketing-Experten wurde, der ich heute bin, und ich beweise Ihnen mit diesen sehr persönlichen Einblicken in meine Welt, dass es funktioniert. Wir schaffen mit unseren Gedanken Realitäten. Ich beweise Ihnen, dass es sich lohnt, nach dem Hinfallen wieder aufzustehen. Ich diene Ihnen also mit diesem Buch als lebendes Beispiel, denn auch ich bin nicht als Marketing-Experte zur Welt gekommen. Auch in meinem Leben gab es Zeiten, in denen ich mich an den tiefsten Grund eines sehr tiefen Meeres gewünscht habe.

Ich lade Sie ein, mich so kennenzulernen, wie mich noch niemand kennengelernt hat. Ich gewähre Ihnen tiefe Einblicke in meine sehr persönliche Geschichte, damit ich Ihnen zeigen kann, wie wichtig es ist, toxische Glaubenssätze loszuwerden und Ihr Mindset neu zu programmieren. Kommen Sie, geben Sie mir Ihre Hand! Wir starten! Hier, heute und jetzt.

Prolog mit Kernseifengeruch

Wenn ich für die Zeit meiner Kindheit und Jugend einen Geruch definieren müsste, wäre es – neben dem Geruch von Holzspänen – vor allem der Geruch von Kernseife. Auch wenn Sie jetzt sagen, Kernseife riecht doch nach gar nichts, steht für mich dieser saubere, biedere Geruch meiner frühen Jahre symbolisch für das erste große Scheitern in meinem Leben.

So gut wie jeder in meinem Umfeld ging damals automatisch davon aus, dass ich als einziges Kind eines Tages die Firma meiner Eltern übernehmen und in die vierte Generation führen würde. Es schien – ganz wie unser traditionsreicher Name – wie in Stein gemeißelt.

An einen Tag erinnere ich mich noch, als wäre es heute gewesen. In der Schule stand die Phase kurz bevor, in der wir erste Erfahrungen im Berufsleben sammeln sollten, und alle hatten wir die Aufgabe, uns einen Betrieb zu suchen, in dem wir zwei Wochen lang ein Praktikum absolvieren sollten. Ich hatte mich damals aus dem Bauch heraus für ein Praktikum im Einzelhandel entschieden und am liebsten wäre mir die CD-Abteilung bei *Galeria-Kaufhof* gewesen. Voller Elan und sogar mit etwas Vorfreude hatte ich diese Entscheidung getroffen, die Bewerbung aufgesetzt und ausgedruckt. Nun musste sie nur noch von meiner Mutter durchgelesen und abgesegnet werden. Also machte ich mich auf ins Büro meiner Eltern. Als ich die Tür aufmachte, konnte ich bereits am Geruch von Kernseife erkennen, dass meine Großmutter im Raum war. Sie hatte zu der Zeit der natürlichen Firmenhierarchie entsprechend den besten Platz am Fenster. Schließlich war sie es gewesen, die den altehrwürdigen Parkettlegebetrieb nach dem Krieg von ihrem Vater übernommen und durch die Hochzeit mit meinem Großvater in die nächste Generation geführt hatte.

Für mich war der Gang zu meiner Mutter ins Büro eigentlich keine große Sache. Ich wollte ja nur die Bewerbung korrigieren lassen, aber als meine Großmutter dann wissen wollte, um was es geht, ahnte ich das Unheil heraufziehen. Schnell entbrannte eine kurze, aber heftige Diskussion zwischen meinen Eltern und meiner Großmutter und die Frage stand im Raum, wie der »Bua« überhaupt auf so einen abwegigen Gedanken kommen könne, im Einzelhandel ein Praktikum machen zu wollen. Meine Mutter hatte sich schnell in die Neutralität geflüchtet und mein Vater folgte der natürlichen Familien- und Firmenhierarchie und stimmte in den Tenor meiner Großmutter mit ein: Der Bua, also ich, würde natürlich sein Praktikum in der Schreinerei einer befreundeten Familie in Regensburg machen, weil er sich dort am besten auf die Ausbildung im elterlichen Betrieb vorbereiten könne – den er ja schließlich eines Tages übernehmen werde.

Sie können sich vielleicht vorstellen, in welcher ausweglosen Lage ich mich damals befand. Die Flausen mit dem Einzelhandel hatte man mir innerhalb von Minuten ausgetrieben, auch wenn ich noch einen kläglichen Versuch unternahm und einen anderen Vorschlag machte. Ich stand auf verlorenem Posten und die beiden Werte Tradition und Erziehung machten es mir unmöglich, mich weiter aufzulehnen. Widerspruch war zwecklos. Und so verließ ich mit dieser wertlos gewordenen Bewerbung in der Hand und dem Geruch von Kernseife in der Nase das verrauchte Büro und fühlte mich so allein, wie sich ein Jugendlicher nur fühlen kann.

Vielleicht war diese Situation, in der ich mich unendlich verloren und enttäuscht fühlte, eine der frühen Schlüsselszenen in meinem Leben. Vielleicht war diese Wut, die ich damals neben der Hilflosigkeit verspürt hatte, auch eine der Antriebsfedern für meinen späteren Weg in die große Welt des Marketings … Wer kann das schon mit Sicherheit sagen? Sicher ist jedenfalls, dass ich mir im Laufe meines Lebens immer wieder geschworen habe, es nie mehr so weit kommen zu lassen, dass andere Menschen für mich Entscheidungen treffen sollten! Wenn mir allerdings damals jemand erzählt hätte, dass ich fünfzehn Jahre später bei einer Pressekonferenz das Parfum eines sehr, sehr berühmten Mannes gegen den Geruch von Kernseife eintauschen würde, so hätte ich ihn mindestens für verrückt gehalten.

Sechzigtausend

Ob Sie es glauben oder nicht, aber Sie und ich, Ihr Nachbar und auch Ihr Geschäftspartner – wir alle treffen pro Tag ungefähr 60.000 Entscheidungen. Sechzigtausend, ja! Das macht knapp 22 Millionen im Jahr. Den Großteil davon treffen wir im Unbewussten. Aber es bleiben immer noch genügend Entscheidungen übrig, die wir bewusst treffen. Wissen Sie, was richtig krass ist? Eine dieser Entscheidungen könnte Ihr Leben verändern! Sie könnten zum Beispiel nach einer Niederlage liegen bleiben und sich bedauern. Sie könnten aber auch wieder aufstehen und weitermachen. So wie Heather Dorniden. Bevor Sie sich jetzt gleich im Internet auf die Suche nach Heather machen, bleiben Sie bitte noch einen Augenblick bei mir. Ich möchte Ihnen die Geschichte von Heather erzählen. Ich habe vor Jahren einmal ein Video auf YouTube gesehen, das mir seitdem immer wieder in den Sinn kommt, wenn ich ein Beispiel für den Spruch mit der Krone suche (Sie wissen schon: *hinfallen, aufstehen, Krone richten, weitermachen*). Es ist ein grandioses Beispiel dafür, was unbändiger Wille mit einem Menschen machen kann.

In dem Video aus dem Jahr 2008 sieht man die amerikanische Leichtathletin Heather Dorniden in einem denkwürdigen Lauf über 1.500 Meter bei den Big 10 Indoor Track Championships irgendwo in den Vereinigten Staaten. Auf den ersten Runden sind die vier Läuferinnen mehr oder minder gleichauf. Ungefähr 600 Meter vor dem Ziel liegt Heather leicht vorne, als sie plötzlich ins Stolpern gerät und mit der ganzen Körperlänge brutal auf den Boden aufschlägt. Natürlich ziehen die anderen drei Läuferinnen an ihr vorbei und sind auf und davon. Was aber macht Heather? Denkt sie darüber nach, warum sie gestolpert ist, oder beschäftigt sie sich mit den Verletzungen, die sie sich zweifellos zugezogen hat? Nein! Heather rappelt sich auf (vielleicht setzt sie in Gedanken ihre Krone wieder auf) und läuft weiter. Mit jedem Schritt, den sie macht, fühlt man als Zuschauer mit ihr mit und Heather fightet. Sie läuft sich Meter für Meter an ihre scheinbar hoffnungslos enteilten Konkurrentinnen heran und – Sie wissen, was jetzt kommt – Heather schließt in der Kurve vor dem Ziel auf und holt auf der Zielgerade alles, was sie noch an Kraft mobilisieren kann, heraus. Und Heather gewinnt diesen Lauf!

Keine Angst: Dieses Buch hat so gut wie gar nichts mit Sport zu tun (ich geb's zu, ich mag Sport nicht besonders). Dieses Buch handelt vom Scheitern. Vor allem aber handelt dieses Buch vom Aufstehen. Ob Sie dabei Ihre Krone zurechtrücken oder etwas zerzaust weitermachen, ist nicht das Ausschlaggebende. Hauptsache ist, Sie stehen wieder auf und machen weiter! So wie ich damals, im Sommer 2009. Aber erst einmal der Reihe nach …

Erste Begegnung mit dem Gevatter

An die Zeit meines Praktikums während meiner Schulzeit erinnere ich mich mit gemischten Gefühlen. Vierzehn Tage in einer Schreinerei zu werkeln, in ein Team geworfen zu sein, das ebenso wenig etwas mit mir anfangen konnte wie ich mit ihm – und das in einem Beruf, der mich nicht im Geringsten interessierte –, war gelinde gesagt schwierig. Aber was macht man nicht alles, wenn man noch jung und das Wort der Eltern Gesetz ist? Natürlich kann man nicht zwei Wochen lang in einem Betrieb mitarbeiten, ohne dass jemand mitbekommt, dass man auf die Tätigkeiten, die dieser Beruf nun mal so mit sich bringt, nicht den geringsten Bock hat. Dazu kam noch, dass ich mit den typischen Gesprächsthemen in der Werkstatt oder auch auf der Baustelle wenig bis gar nichts anfangen konnte. So fühlte ich mich, nun ja, mindestens fehl am Platz, wenn nicht noch schlechter. Dazu kam die Tatsache, dass ich aus einem in Regensburg nicht gerade unbekannten traditionellen Handwerksbetrieb kam und während dieser zwei Wochen wurde ich das Gefühl nicht los, dass so mancher meiner Kollegen durch gewisse Fragen hatte herausfinden wollen, warum ich nicht im elterlichen Betrieb mein Praktikum absolvieren würde. Alles in allem war es keine einfache Zeit für mich, zumal wohl bereits nach kurzer Zeit und mit verbundenen Augen erkennbar war, dass ich als Schreiner nicht einmal ansatzweise Talent mitbrachte. Und so blieb auch die ein oder andere Andeutung nicht aus, dass man im elterlichen Betrieb einmal »viel Freude« mit mir als Parkettleger und künftigem Firmeninhaber haben würde. Die Erkenntnis, die in mir schon in den ersten Stunden dieses Praktikums reifte, war auf jeden Fall eindeutig: Das Leben als Schreiner oder Parkettleger – oder gar als Inhaber eines Parkettlegebetriebes – würde mir nicht wirklich Freude bereiten und der scheinbar so unausweichlich vorgezeichnete Weg machte mir mehr Angst als alles andere. Aber ich war damals einfach zu jung und nicht mutig genug, um aufzubegehren, mich hinzustellen und klare Kante zu zeigen. Wen wundert es, ich war ja erst fünfzehn. Und so nahm ich es hin, wie man das Wetter hinnimmt oder die Form seiner Nase.

Das traf damals auch auf das Thema Schule zu. Ich dachte mir, warum sollte ich mich großartig reinhängen und auf eine höhere Schule wechseln, wo mir doch der Beruf gewissermaßen in die Wiege gelegt worden war? Grundsätzlich wäre ich schulisch ja durchaus motiviert gewesen, mehr zu tun, wie etwa in Englisch. Allein schon der Liedtexte wegen. Allerdings war mein damaliger Englischlehrer nicht gerade der geborene Motivationskünstler für mich. Ich erinnere mich nur zu gut an den Bambusstab, den er immer schwang und mit dem er, wenn ihm die Mitarbeit seiner Schüler einmal wieder missfiel, auf den Tisch schlug, bis der Bambus in der Mitte auseinanderbrach. »Du brauchst Englisch ja nicht unbedingt«, sagte er einmal zu mir. »Weil du ja eh den Betrieb der Eltern übernimmst.«

Solche und ähnlich lautende Aussagen hörte ich damals in meinem Umfeld ständig und ich muss leider sagen, dass sie für mich ebenso prägend wie desillusionierend wirkten. Ich wollte dieses Leben nicht leben, aber was sollte ich dagegen tun?

Ähnlich ging es mir mit dem Thema Homosexualität. Meine ersten, zaghaften, fast unbeabsichtigten »Gehversuche« in diese Richtung fanden in der Wohnung eines Schulkameraden statt, dessen Eltern damals tagsüber nicht zu Hause waren. In meinem eigenen Elternhaus wäre das vollkommen undenkbar gewesen. Allerdings wechselte mein Klassenkamerad dann die Schule und so war diese Phase so schnell wieder vorbei, wie sie angefangen hatte. Danach versuchte ich es so wie die meisten anderen Jungs in meinem Alter auch mit einer Freundin, aber als es dann »ernst« werden sollte, musste ich die Sache ganz schnell beenden.

Mein Leben lief also weiterhin scheinbar unausweichlich auf diesen vorgezeichneten Weg zu. Ganz wie auf einer Schiene. Bis dann ein Todesfall die Weichen in eine andere Richtung stellte.

Mein Großvater war ein Mann, der schöne Autos liebte und sich immer für die neueste Technik begeistern konnte. Er hat mich in meiner Jugendzeit inspiriert und vielleicht auch ein Stück weit geprägt. So war mein Großvater für mich in jenen Jahren ein Hoffnungsträger. An ihm wollte ich mich orientieren und von ihm wollte ich etwas lernen fürs Leben. Aber das wurde ihm dann plötzlich genommen! Eines Tages kam mein Großvater ins Krankenhaus. Niemand hatte mir davon erzählt, dass es wohl etwas Ernstes sein müsse – und plötzlich war er nicht mehr da.

Sein Tod kam für mich völlig überraschend und in den ersten Tagen habe ich das sicherlich auch gar nicht richtig realisiert. Meine Wahrnehmung war vermutlich etwas getrübt und ich tat zunächst so, als ob alles normal weitergehen würde. Ich ging wie immer zur Schule, aber alle um mich herum wunderten sich und sprachen mich darauf an, warum ich denn zur Schule gehen würde, wo doch mein Großvater gestorben war. Vermutlich hatte ich mich instinktiv an meiner Familie orientiert, in der der Alltag vermeintlich auch weiterzulaufen schien, als ob nichts gewesen wäre. Das Geschäft ging vor, die Arbeit musste erledigt werden, die Show musste weitergehen. Da war niemand, der mich in meiner Verwirrung und Trauer abgeholt hätte, und der Alltag lief scheinbar für alle einfach weiter. Also ging er auch bei mir weiter. Bis zum Tag der Beerdigung, auf der mir schlagartig klar wurde, dass ich mit meiner Trauer allein dastand und damit heillos überfordert war.

Mein Großvater war lange Vorstandsmitglied der Parkettlegerinnnung und allein deshalb waren zu seiner Beerdigung schon unfassbar viele Menschen gekommen. Es wurden unendlich lange Reden gehalten, die ich nicht verstand, und in der Aussegnungshalle, in der mein Großvater aufgebahrt war, wollte der Zug an Menschen am Sarg vorbei einfach kein Ende nehmen. An diesem Nachmittag auf dem Friedhof wurde mir von Minute zu Minute klarer, welchen Bekanntheitsgrad mein Großvater doch hatte. Vor allem aber wurde mir bewusst, welche gigantischen Gefühle im Spiel waren, und als sich der Leichenzug in Bewegung setzte und der Sarg meines Großvaters aus der Halle geschoben wurde, hörte ich meine Großmutter schluchzen: »Toni, lass mich nicht allein.«

Da war es um mich geschehen, weil mir zum ersten Mal in meinem Leben die Vergänglichkeit vor Augen geführt wurde. Hier war ein Mensch, der jetzt einfach nicht mehr da war. Zum ersten Mal wurde mir bewusst, wie brutal und endgültig Gevatter Tod doch ist.

Der Tod meines Großvaters war für mich eine Zäsur. Vielleicht hatte ich mit seinem Tod auch mit einem Schlag die Schwelle zum Erwachsensein überschritten. Jedenfalls dauerte es nicht lange, bis ich mit gerade einmal sechzehn Jahren das Haus meiner Eltern verließ und in meine erste eigene Wohnung zog.

Mindset 1
oder das Kaufhaus mit Gefühlen

Stellen Sie sich vor, Sie gehen in einen riesigen Laden, in dem es alles, wirklich alles zu kaufen gibt, was Sie sich nur vorstellen können. Und jetzt stellen Sie sich noch vor, Sie haben die Möglichkeit, sich alles, aber auch wirklich alles zu kaufen, was Sie sich in diesem Moment wünschen. Und ich meine nicht nur materielle Dinge, nein! Ich meine durchaus auch Glück, Erfolg, Liebe und finanzielle Unabhängigkeit. Sie können es nicht? Sie trauen sich nicht? Oder können Sie es nicht einmal denken? Wer oder was hindert Sie daran, es einfach zu tun?

Das Wort ist in aller Munde und nicht nur, weil es *in* ist, sondern weil es ausschlaggebend sein kann, ob ein Mensch ein erfolgreiches, zufriedenes, vielleicht sogar glückliches Leben führen kann – oder eben nicht. Die Rede ist vom *Mindset,* und weil eine wörtliche Übersetzung aus dem Englischen nicht zu 100 Prozent ins Schwarze trifft, könnte man *Mindset* mit innerer Haltung und Denkweise übersetzen. Sicherlich sind damit aber auch gewisse Verhaltensweisen von Menschen gemeint, auch die Mentalität und sogar der kulturelle Hintergrund, in dem man groß geworden ist und lebt.

Wenn es um *Mindset* geht, geht es zugleich auch um unsere Glaubenssätze, die bei jedem von uns unterschiedlich sein können und sein werden. Oft sind mir Menschen begegnet, die aus ihrer Kindheit Glaubenssätze mit ins Erwachsenenleben genommen und sich an diesen festgeklammert haben. Wegen dieser Prägung sind sie nicht selten auch daran gescheitert. Einer der typischen Glaubenssätze, die uns daran hindern, zu wachsen und erfolgreich zu sein, könnte etwa lauten: *»Ich bin in bescheidenen Verhältnissen aufgewachsen und habe keinen Erfolg verdient«,* oder: *»Wenn ich an einer Aufgabe scheitere, bin ich ein Versager.«* Dabei sind Erfolge im Leben oft das Ergebnis von Ausdauer und harter Arbeit. Nicht immer sind die talentiertesten Menschen die erfolgreichsten, sondern oft die mit dem größten Durchhaltevermögen und der Fähigkeit, nach Misserfolgen aufzustehen und weiterzumachen.

Denken Sie doch bitte einmal über Ihre Glaubenssätze nach.

Gibt es auch bei Ihnen diesen einen Satz, der Sie schon ein Leben lang begleitet? Gibt es in Ihrem Rucksack des Lebens eine innere Haltung, die sich aus diesem einen Satz ableitet, und Sie werden diese Haltung nicht mehr los? Inwieweit sind Sie der Meinung, dass Sie auf Ihre innere Einstellung, auf Ihre Denk- und Verhaltensmuster – und damit auf Ihr Mindset – einen unmittelbaren Einfluss haben? Immerhin ist Ihr Mindset ja nicht unwesentlich dafür verantwortlich, wie Sie in bestimmten Situationen reagieren.

Ich bin kein Psychologe, aber es liegt klar auf der Hand, dass unsere Gedanken und vor allem unsere Emotionen von unseren Glaubenssätzen sehr stark gelenkt werden, und diese Emotionen und Gedanken haben wiederum enormen Einfluss auf unsere Handlungen. Und damit auf den Verlauf unseres Lebens. Denken Sie beispielsweise an Menschen, die an Medikamentenstudien teilnehmen und Placebos schlucken. Sie sind der festen Überzeugung (und wissen es nicht anders), dass sie ein Medikament einnehmen, das gegen ihre Beschwerden hilft, und wie oft kommt es vor, dass die heilende Wirkung tatsächlich eintritt, obwohl das Medikament keinerlei Wirkstoff enthält? Für mich ist das der klare Beweis, dass wir durch das Verändern von Überzeugungen Enormes bewirken können! Wir haben Einfluss auf unsere Motivation und natürlich auch auf unseren Erfolg. Aber wir müssen irgendwann damit anfangen, unser Mindset zu ändern.

Ein wichtiger Baustein auf dem Weg zur Veränderung ist, Fehler als Chancen zu begreifen. Wenn wir lernen, unser gescheitertes, ach so verletztes Ego komplett beiseitezulassen und diese scheinbaren Fehler als Teil der Problemlösung anzusehen, eröffnet das völlig neue

Perspektiven. Fehler sind dann nichts weiter als eine Mitteilung, dass der eingeschlagene Weg nicht der richtige war und dass wir eben einen anderen gehen sollen. Leider werden wir von klein auf getrimmt, Fehler zu vermeiden. Kein Lehrer dieser Welt wird einem die Klassenarbeit, auf der drei Viertel aller Aufgaben falsch gelöst wurden, mit Begeisterung und einem Schulterklopfen zurückgeben. Trotzdem ist für mich die Strategie von Versuch und Irrtum – und vor allem der laufenden Analyse unserer Fehler – ein ganz wichtiges Element, um sich als Mensch nachhaltig weiterzuentwickeln. Ich bin überzeugt davon, dass der richtige und positive Umgang mit unseren Fehlern und dem Scheitern ein ganz wesentlicher Bestandteil eines Mindsets sind, das uns als Persönlichkeit und damit durchaus auch als Unternehmer besser und erfolgreicher werden lässt.

MENSCHEN GEHEN UNTERSCHIEDLICH MIT MISSERFOLGEN UND DEM GEFÜHL VON SCHWÄCHE UM.

Für den einen bedeutet Scheitern, versagt zu haben, für den anderen ist es eine Herausforderung, an der er sich zukünftig abarbeiten kann. Warum ist das so? Die renommierte Stanford-Professorin Carol Dweck hat zur Erklärung den Begriff von »Mindset-Typen« eingeführt und unterscheidet zwei davon. Ich kann ihre Theorie anhand eigener Beobachtungen bestätigen: Der eine liebt Herausforderungen und geht davon aus, dass er mit seinen Aufgaben wächst und vor allem, dass er es durch Training selbst in der Hand hat, ob er stehen bleibt oder ob er weiterkommt. Den anderen Mindset-Typ würde ich als denjenigen bezeichnen, der Herausforderungen eher als Bedrohung empfindet und Angst vor dem Scheitern hat, weil er davon ausgeht, dass er eben so ist, wie er ist, mit allen ihm gegebenen Fähigkeiten.

Stellen Sie sich bitte einmal die Frage, welcher Mindset-Typ Sie sind. Wer mich kennt, weiß, dass ich der festen Überzeugung bin, dass wir unser Mindset beeinflussen können. Wir müssen es nur wollen! Aber ich will natürlich auch nicht verhehlen, dass noch ein Aspekt eine wichtige Rolle spielt, der im deutschsprachigen Raum erstaunlich spät Einzug in die Gedankenwelt der Motivations- und Verhaltenslehrer gefunden hat: die Resilienz. Aber erst einmal eins nach dem anderen.

Ein großer Sprung und eine Erkenntnis

Die Schwelle zum Erwachsenenleben überschreiten die meisten Menschen schleichend. Bei mir war es eher ein Sprung als ein Schleichen. Nachdem mein Großvater beerdigt war, hatte sich für meine Eltern ein Bauprojekt mit Eigentumswohnungen aufgetan; eine davon gehörte fortan mir und obwohl ich erst sechzehn war, wollte ich in meiner ersten Wohnung natürlich nicht nur die Tage verbringen, wie meine Eltern anfangs dachten, nein! Ich zog dort ein, wie man in eine Wohnung einzieht, auch wenn ich erst sechzehn war. Der Anreiz, in so jungen Jahren auf eigenen Beinen zu stehen, war für mich riesig und so richtete ich mich ein, besorgte mir Kochbücher und steckte jeden Euro in mein kleines Reich. Für mich war meine eigene Wohnung eine Möglichkeit, der superbodenständigen Atmosphäre der traditionellen Handwerkerfamilie zu entfliehen, weil ich schon damals sehr genau wusste, dass das niemals meine Welt werden würde. Meine Welt war ganz woanders. Ich träumte mich in die Welt der Mode und des Lifestyles. Ich wollte etwas erreichen, aber etwas, das sicher nichts mit Handwerk und Familie zu tun hatte. Ich war einfach anders, als man es von mir erwartet hatte, und so wie ich war, fand ich mich ganz okay.

Aber zuerst musste da noch die Schule zu Ende gebracht werden. Für meine Eltern war es zeitlebens wichtig, was die Leute sagen könnten, und daher hatte ich mit ihnen vereinbart, dass ich erst nach Abschluss der Schule in meine Wohnung ziehen würde. Schließlich musste die Bodenständigkeit gewahrt bleiben, und das in allen Bereichen: Keine teuren Markenklamotten, keine extravaganten Urlaube, keine überteuerten Autos, nicht auffallen, mit der Masse mitschwimmen – das waren die Merksätze meiner Kinderzeit. Das Mindset meiner Eltern, wenn man so will.

Mein Mindset war völlig anders, es war das krasse Gegenteil: Ich will alles. Was andere denken, ist mir egal, ich möchte meine Grenzen austesten und wenn die anderen das doof finden, dann ist das so. Diese Einstellung hat dann zwangsläufig dazu geführt, dass mein Freundeskreis während der Schulzeit überschaubar war. Ich hatte schon früh erkannt, dass ein Mensch die Summe der Menschen ist, mit denen er sich umgibt, und weil ich eben schon früh wusste, dass ich mehr wollte als der Großteil meiner Klasse – eine handwerkliche Ausbildung machen, Haus bauen und Kinder kriegen –, konnte ich mit fast allen meiner Klassenkameraden nicht wirklich etwas anfangen. Die meisten hatten auch innerhalb der Schule schon ihre ersten Beziehungen – und ich war mir noch nicht mal sicher, ob ich schwul bin oder nicht! Die Verwirrung war dann komplett, als ich entgegen aller meiner Gefühle, Neigungen und Vorlieben eine Ausbildung zum Parkettleger im altehrwürdigen Handwerksbetrieb meiner Eltern begann.

Mindset 2
oder die drei Es

Sie denken sicher: Wenn das doch nur so einfach wäre mit diesem Mindset. Wenn ich doch nur diesen Knopf finden würde, um meine vielleicht seit Jahrzehnten eingefahrenen Denkmuster und Verhaltensweisen von einem auf den anderen Moment zu ändern. Diesen Knopf hätte ich auch gerne, aber ganz so einfach ist es mit dem Mindset dann leider doch nicht. Aber immerhin verfügen Sie ja jetzt schon mal über die Erkenntnis, dass nicht alles, was Sie jemals über Ihr Mindset gedacht haben (auch wenn Sie es vielleicht bisher auch anders bezeichnet haben), für die Ewigkeit so bleiben muss und wird. Gehen wir es an:

Woraus setzt sich Ihr bisheriges Leben zusammen? Ich nenne es jetzt einfach mal die drei Es (nein, das hat gar nichts mit Freud zu tun!): Erlebnisse, Erfahrungen, Erkenntnisse.
Was haben Sie erlebt?
Was haben Sie dabei erfahren?
Welche Erkenntnisse haben Sie daraus gewonnen?

All Ihre Es sind, ob Sie es wollen oder nicht, in Ihrem Unbewusstsein gespeichert, in Ihrer Erfahrungsschatzkiste. Diese drei Es haben Sie geprägt und aus ebendiesen drei Es hat sich Ihr ganz eigenes Mindset gebildet. Nun können Sie argumentieren: Diese drei Es kann ich ja nicht mehr ändern und damit auch nicht mein Mindset. Stimmt! Aber nur zum Teil. Denn es muss ja nicht sein, dass Sie sich bis in alle Ewigkeiten Ihren bisherigen Denkmustern ausliefern. Mit der richtigen Methode und viel Disziplin ist es schließlich möglich, Denkmuster zu durchbrechen und sich neue anzueignen. Denken Sie nur an die unzähligen Bücher zum positiven Denken oder zu der Methode, irgendwo im Universum zu »bestellen«. Das Internet ist voll mit Erfahrungsberichten von Leuten, die wundersame Dinge vollbracht haben, nur weil sie erkannt haben, dass sie sich sehr wohl ändern können – wenn sie es nur ganz fest wollen. Ich bin mir sicher, Sie möchten das auch! Sonst hätten Sie ja kaum dieses Buch in der Hand.

Vieles im Leben ist eine Sache der inneren Einstellung.

Sie wissen schon: Ist das Glas halb voll oder halb leer? Für den einen ist das Ende einer Beziehung eine Katastrophe, die ihn für Jahre aus der Bahn kegelt, für den anderen ist es die Chance auf eine neue Liebe. Der eine bleibt hinter der geschlossenen Tür stehen, beweint und betrauert sich, der andere schaut sich um, durch welche Tür er als Nächstes geht. Sicherlich hat diese unterschiedliche Vorgehensweise sehr viel auch mit der psychischen Verfassung des Menschen zu tun, das ist nicht zu bestreiten und ein sehr wichtiger Punkt. Aber für all diejenigen, die das Glück haben, psychisch mehr oder weniger stabil durchs Leben kommen zu dürfen, eröffnen sich aus Krisen auch immer wieder Chancen.

Des Markus falsche Kleider

Ich und Parkettleger? Ich weiß, was Sie jetzt denken – und Sie haben recht! Aber was sollte ich tun? Ich war nun mal in diese traditionsreiche Handwerkerfamilie hineingeboren worden. Der Betrieb meiner Eltern bestand damals seit vielen Jahrzehnten, mein Urgroßvater hatte ihn 1919 gegründet, meine Großmutter hatte ihn während des Zweiten Weltkriegs wieder aufgebaut und durch die Hochzeit mit meinem Großvater weiterentwickelt. In der Zeit meiner Kindheit führten meine Eltern den Betrieb damit in der dritten Generation, wobei meine Großmutter insgeheim noch das Regiment führte. Als Einzelkind und noch dazu als Sohn war es nie infrage gestellt worden, ob ich die vierte Generation werden sollte; die Frage war eher das Wann.

Allein schon die Arbeitskleidung war sehr befremdlich für mich: blaue Latzhose, T-Shirt, Turnschuhe. Als ich mich am Morgen meines ersten Ausbildungstages im Spiegel betrachtete, hätte ich mir nicht fremder sein können. Ich fühlte mich weder attraktiv noch richtig in diesen Klamotten und auch nicht in diesem Leben, aber weil es nun entschieden war, machte ich mich auf den Weg in diese Werkstatt, in die Welt der Hobelbänke und Sägespäne. Ich erinnere mich wie heute, wie erstaunt ich war, wie viel Werkzeug man braucht, um so ein bisschen Holz zu einem Parkettboden zu verarbeiten.

Das Team, in dem ich arbeiten sollte, war von einer überschaubaren Größe: ein festangestellter Parkettleger, ein Gehilfe, mein Onkel und ich, der Lehrling. Wir wurden aufgeteilt, fuhren auf Baustellen. Ich tat so, als ob ich Parkettleger werden würde, und was mich bis heute befremdet und immer wieder in Erstaunen versetzt: Ich habe diesen Beruf tatsächlich erlernt und sogar ausgeübt! Fünf ganze Jahre lang war ich Tag für Tag in einer Rolle unterwegs, die mit mir als Markus Mensch nichts, aber auch gar nichts zu tun hatte! Ich frage mich heute noch, was ich in diesen Jahren eigentlich getan habe. Parkett legen, klar, ich weiß. Aber was habe ich wirklich gemacht jeden Tag von halb acht bis fünf? Oft waren Gespräche wegen des Lärms so gut wie unmöglich und auch wenn sie möglich waren, fühlte ich mich immer deplatziert. Mein Onkel war von den damaligen Kollegen wohl noch derjenige, der am besten verstanden hatte, dass sein Neffe nicht unbedingt der geborene Nachfolger seines Bruders sein würde, und ich bin ihm heute noch dankbar, dass er es mir so einfach, wie es damals möglich war, gemacht hat. Obwohl mir die Arbeit keinen Spaß machte, war die Zusammenarbeit zumindest immer entspannt. Und so liefen die Tage, die Wochen, die Monate dahin mit immer den gleichen Abläufen: Tagsüber die Arbeit, gemeinsamer Mittagstisch im Familienbetrieb und abends verlor ich mich in meiner kleinen Wohnung, machte mir etwas Leckeres zu essen und tröstete mich mit Pizza und Eis – irgendwie musste ich wohl das Ungleichgewicht in meinem Leben kompensieren, was sich dann auch nachhaltig auf meine Figur auswirken sollte. Das Problem war, dass ich das Gefühl hatte, es würde 365 Tage im Jahr nichts passieren – zumindest nichts, was mich sonderlich interessierte. Aber immerhin gab es die Welt des Films und so wurde ich Stammgast in der Videothek (nein, es gab damals noch kein Netflix!), lieh mir tonnenweise Filme aus und flüchtete mich in die Scheinwelt Hollywoods.

Aber dann war da dieser eine Tag: Es war, kurz bevor ich meinen Führerschein bekommen sollte. Es klingelte an meiner Wohnungstür und da stand ein junger Mann, den ich aus der Nachbarschaft von früher her flüchtig kannte. Ich bat ihn in meine Wohnung und wir unterhielten uns endlos – und von dem Tag an waren wir so gut wie jeden Tag zusammen. Mein Leben hatte durch diese Begegnung eine Wendung genommen. Ich lernte Leute kennen, ging abends weg und begann, Spaß zu haben. Die Arbeit hatte für mich plötzlich einen Sinn bekommen, weil die Tage von Montag bis Freitag immerhin zum Wochenende führten!

Eines noch denkwürdigeren Tages sagte dieser Freund zu mir: »Komm, lass uns einen Kumpel von mir besuchen, der hat auch 'ne eigene Wohnung.«

Als die Tür zu dieser Wohnung aufging, saß da dieser junge Mann in einem wuchtigen Sessel mit dem Controller seiner Playstation in der Hand: groß, schlank, ein Kerl wie aus einem Magazin. In diesem Augenblick war mir völlig klar: Ja, ich bin schwul! Natürlich werde ich diesen Augenblick nie mehr vergessen: Da saß in meinen Augen *Mister Perfect* und ich wusste von einem auf den anderen Moment, dass die Frage nach meiner Homosexualität beantwortet war. Zumindest in dieser Hinsicht hatte ich also endlich Klarheit, auch wenn ich beruflich noch Meilen von meiner eigentlichen Bestimmung entfernt war. Aber kurz vor seinem 18. Geburtstag kann es schon passieren, dass man noch auf der Suche nach sich selbst ist.

Mindset 3
oder es muss ja nicht gleich der Mond sein

Stellen Sie sich eine Zeit vor, in der es noch keine Navigationsgeräte und erst recht keine Handys gab. Sie planen im Kreis Ihrer Familie einen Urlaub und beratschlagen sich im Familienrat, wo es hingehen soll. Der eine sagt: Ans Meer, der andere möchte in die Berge und ein Dritter auf einen Bauernhof. Schließlich entscheiden Sie sich, ans Meer zu fahren, packen Ihre Siebensachen und fahren los. Ans Meer. Sie fahren also aus der Garage schnurstracks auf die Hauptstraße und jetzt, spätestens jetzt brauchen Sie es: ein Ziel (und am besten einen Plan, wie Sie zu diesem Ziel kommen – Straßenkarte hieß das früher, als ich noch ein Kind war)!

WER KEINE ZIELE HAT, DER KANN SIE AUCH NICHT ERREICHEN.

Klingt platt, ist aber so. Wissen Sie, was erschreckend ist? Ich kann Ihnen gar nicht sagen, wie viel Selbstständige und Unternehmer ich in meiner Zeit als Marketing-Mentor schon kennengelernt habe, die in dem, was sie tun, die absolute Granate sind, aber wenn man sie nach ihren Zielen fragt, dann setzt es höchstens ein Achselzucken. Ziele? Bin ich ein Marathonläufer oder was?

Setzen Sie sich Ziele! Je konkreter, desto besser! Und visualisieren Sie diese Ziele am besten! Schreiben Sie sie auf einen Zettel, malen Sie ein Wandbild, drucken Sie Bilder aus und kleben Sie diese an die Wand neben Ihrem Schreibtisch, sodass Sie Ihre Ziele immer wieder vor der Nase haben. Erschaffen Sie Realitäten, indem Sie sich bereits in der neuen Situation sehen. Stellen Sie sich vor, wie es sich im neuen E-Auto von diesem scheinbar verrückten Amerikaner anfühlen wird oder wie es am Strand wäre, denn es ist einfach so, dass Sie die Möglichkeit haben, Ihre Ziele zu erreichen.

Ziele sollten einerseits realistisch sein, andererseits auch nicht zu bescheiden. Die Mischung macht es. Sie müssen ja nicht unbedingt zum Mond fliegen, aber die Verdoppelung Ihres Jahresumsatzes aus dem letzten Jahr darf es doch schon mal sein, oder? Warum nicht? Ziele müssen aber auch klar formuliert sein und ich muss mir einen Zeitpunkt suchen, an dem ich feststellen kann, ob ich das Ziel auch erreicht habe. Ich nehme wieder das Beispiel mit dem Umsatz. Sie können entweder sagen: »Ich möchte meinen Umsatz erhöhen.« Sie können aber auch sagen: »Im nächsten Jahr möchte ich bis zum 31.12. in dem und dem Marktsegment 120.000 EUR Umsatz erreicht haben.« Das ist ungefähr so wie mit der Straßenkarte: Ich kann mir vornehmen, irgendwann mit dem Auto ans Meer zu fahren. Ich kann aber auch sagen: Ich möchte in der Woche vom 1. bis zum 8. Juni nach Jesolo fahren, und zwar über … (Italien ist als Ziel bescheiden, für einen Bayern relativ naheliegend und daher absolut realistisch und erreichbar. Neuseeland im Auto vielleicht weniger – für die Enthusiasten und Abenteurer unter uns aber bestimmt eine Herausforderung!).

FORMULIEREN SIE IHRE ZIELE MÖGLICHST REALISTISCH UND GENAU.

Streichen Sie im Kalender den Tag an, an dem Sie Farbe bekennen, und prüfen Sie, ob Sie das Ziel auch erreicht haben. Und noch ein Gedanke: Für das Erreichen seiner Ziele ist es nicht nur wichtig, diese zu kennen – man muss auch wissen, wo man gerade steht.

Mit Pauken und Trompeten

Meinen 18. Geburtstag wollte ich nicht irgendwie feiern! Mit Pauken und Trompeten sollte es sein, am besten im eigenen Garten. Ein paar Tage vor der Feier hatte ich bei meinen Eltern eine deren Mieterinnen kennengelernt und sie spontan zu meiner Geburtstagsfeier eingeladen, obwohl ich sie eigentlich gar nicht wirklich kannte. Sie war etwa in meinem Alter, wirkte aber älter und sie wurde innerhalb kurzer Zeit zu meiner besten Freundin. Sie kam jeden Tag zu mir, wir gingen feiern und Party machen. Meine Welt wurde durch sie wieder ein Stück größer und ich fing dadurch auch an, während der Woche wegzugehen, um den faden, frustrierenden Alltag wegzufeiern. Jetzt war Lifestyle angesagt!

Lifestyle hieß: Party, Shopping und Konsum. Und das ohne Ende! Wofür hatte ich schließlich meine erste Kreditkarte? Der Kreditrahmen wurde schonungslos ausgereizt. So lange, bis ich eines Tages einen Anruf von American Express erhielt. Ein gar nicht gut gelaunter Herr teilte mir mit, dass Amex versucht hatte, 5.000 Mark von meinem Konto abzubuchen, was aber nicht gelungen war. Ich solle den Betrag innerhalb so und so vieler Tage auf das und das Konto überweisen. Diese Telefonate wiederholten sich noch ein paar Mal und wurden vom Ton her immer strenger und bestimmter, bis ich keinen anderen Ausweg mehr sah, als mit meinem Problem zu meinem Vater zu gehen und ihn um seine Hilfe zu bitten. Im Nachhinein betrachtet kann ich meinem Vater auch heute noch sehr dankbar sein, dass er mich damals nicht einfach rausgehauen hat. Hätte er mir das Geld einfach gegeben, wäre ich vielleicht niemals dort gelandet, wo ich schließlich gelandet bin: in der Welt der Gastronomie!

Zuerst hatte ich Panik und keine Ahnung, wie es in Anbetracht meiner Konsumschulden weitergehen sollte, aber mir wurde schnell klar, dass ich irgendwie zu mehr Geld kommen musste: Ich musste mir einen Nebenjob suchen! Und so schlug ich die Zeitung auf und kurze Zeit später fand ich mich als Servicekraft in einem Café im Herzen von Regensburg wieder.

Meine damalige Chefin war eine überaus coole, lässige Person, die mich ohne jegliche Vorkenntnisse in der Gastronomie als Aushilfe einstellte, wofür ich ihr heute noch wahnsinnig dankbar bin! Meine Schicht ging immer von 18 Uhr bis Mitternacht und so hatte ich also zwei Jobs nebeneinander. Es dauerte nicht lange und ich begann an diesem Job im Café mächtig Spaß zu haben: Da waren Menschen, die einfach dankbar waren, wenn du ihnen etwas zu trinken bringst. Ich lernte immer mehr Leute kennen, hatte Spaß und nicht selten sind wir nach Mitternacht noch in die Clubs und Bars gegangen: feiern bis zum Morgengrauen. Wie ich das damals geschafft habe, ist mir auch heute noch ein Rätsel, denn ich kann mich nicht erinnern, dass ich im elterlichen Betrieb großartig durch Abwesenheiten aufgefallen wäre. Ich habe die Arbeit als Parkettleger nach wie vor pflichtbewusst ausgeführt und am Abend, wenn ich mir dann die Schürze umband, begann ich zu leben. Dann hatte ich endlich das – tagsüber schmerzlich vermisste – Gefühl von Wertschätzung, von Erfolg und ja: von Glück!

Nach einem Jahr war ich aber dann am Ende! Ein Jahr lang zwei Jobs und so gut wie kein Schlaf – das war selbst mit Anfang zwanzig nicht durchzuhalten und als mir meine damalige Chefin das Angebot machte, mich in Vollzeit anzustellen, stand ich da mit einem Koffer an Fragezeichen – aber auch mit einem riesigen Glücksgefühl im Bauch.

Mein Vater war ein recht schweigsamer Mann, zumindest in diesen Dingen. Ich rechne es ihm auch heute, viele Jahre nach seinem Tod, noch hoch an, dass er mir keine große Szene machte. Ich gestand ihm, dass ich ein Jobangebot in der Gastronomie vorliegen hatte und dass ich – unvorstellbar oder nicht – bei ihm kündigen würde! Bamm!

Ich erinnere mich noch genau an die Szenarien, die ich mir im Vorfeld dieses Gesprächs ausgemalt hatte: Ich dachte, ich würde verstoßen werden, ich dachte, mein Vater würde mich hochkant aus der Werkstatt werfen und mich natürlich enterben.

Mein Vater sagte nichts dergleichen, nur so etwas in der Art: »Ich dachte mir schon, dass das Parkettlegen nichts für dich ist und dass dir das andere mehr Spaß macht.«

Meine Erleichterung war riesig; ich dachte mir aber auch: Krass, und trotzdem hatte ich diese Arbeit jahrelang machen müssen? Aber heute, viele Jahre danach, weiß ich, dass diese Zeit für mich eine Lektion in der Schule meines Lebens war. Immerhin hatte ich sehr klar und unmissverständlich vor Augen geführt bekommen, welche Art von Arbeit *nicht* für mich geeignet ist – und was vermutlich meine eigentliche Berufung war. Und auch wenn ich damals noch recht jung an Jahren war, kann ich von mir behaupten, dass ich beschloss, zukünftig nur noch Dinge zu tun, die mir auch wirklich Spaß machen!

Mindset 4
oder alles Manipulation

Vielleicht haben Sie schon einmal was von *1984* gehört? Ich meine das Buch von George Orwell. Orwell hat es im Jahr 1948 veröffentlicht, der Titel ist also ein Zahlenspiel. *1984* ist eine Art Science-Fiction-Roman. Der britische Autor und Journalist skizzierte drei Jahre nach dem Zweiten Weltkrieg eine düstere Welt, in der es vor allem um die Überwachung von Menschen und um Geschichtsfälschung geht. Insbesondere aber geht es in diesem aufsehenerregenden Roman um Manipulation. Womit ich beim Thema wäre:

Sie können sich selbst manipulieren und mit dem richtigen Mindset können Sie das sogar so steuern, dass Sie in Zukunft Ihre Ziele mühelos erreichen. Sie müssen dazu nur Selbstgespräche führen. Nein, keine Angst: Das ist nichts Schlimmes, auch wenn es sich am Anfang vielleicht komisch anfühlt. Sie müssen es ja nicht unbedingt in der U-Bahn machen! Das Ganze nennt sich Affirmation, und laut Wikipedia ist das *»eine wertende Eigenschaft für prozedurale, kognitive ...«* – okay, okay. Ich hör' ja schon auf mit dem Zitieren.

Also: Affirmationen können Ihnen wirklich helfen, Ihr Mindset zu steuern und sich selbst sozusagen umzuprogrammieren. Wie könnte also so eine prozedurale, kognitive ... also so eine Selbstmanipulation in Form einer Affirmation aussehen? Falls Ihnen keine lebensbejahenden Aussagen zu sich selbst einfallen sollten, geben Sie im Internet einfach mal »Affirmationen für jeden Tag« ein oder so etwas in der Art. Hier ein paar Grundregeln, wie Sie mit sich selbst sprechen könnten, um sich in eine andere Spur zu bringen und Ihr Mindset grundlegend zu ändern:

Ihre Aussagen sollten nicht zu kompliziert sein. Wählen Sie also einfache, aber positiv formulierte Sätze. Außerdem ist es gut, wenn Sie Ihre Affirmationen in einer Art Ritual in Ihr Leben einbauen:

morgens, beim Zähneputzen (oder wenn Sie eine schäumende Zahnpasta haben, besser danach) und abends vor dem Einschlafen zum Beispiel. Die Themen, die Sie in Ihre positiven Glaubenssätze aufnehmen, richten sich natürlich nach Ihren persönlichen Zielen: Gesundheit, Geld, Erfolg im Beruf, Beziehung und Familie. Erweitern Sie die Liste einfach für sich.

Sprechen Sie also mit dem Menschen, der Ihnen am nächsten steht: Sprechen Sie mit sich selbst! Manipulieren Sie sich selbst, sonst machen es andere! Programmieren Sie sich um, tricksen Sie Ihr Mindset aus und Sie werden feststellen: Es funktioniert!

Endlich Arbeit,
die sich nicht wie Arbeit anfühlt

Und plötzlich sah mein Leben anders aus: morgens ausschlafen, nachmittags zur Arbeit und nach der Arbeit in den Club – und das gefühlt sieben Tage die Woche. Nach kurzer Zeit kannte ich jeden Barkeeper und alle Türsteher der Stadt und mein Freundeskreis wuchs. Plötzlich machte das Leben Spaß und ich denke, dass ich damals ganz nah am perfekten Leben dran war – jedenfalls für mich. Dank der Trinkgelder war ich finanziell gut aufgestellt, ich wohnte mietfrei in der eigenen Wohnung und vor der Tür stand mein Leasingwagen: Ein Alpha Romeo 156 frisch aus dem Werk in Italien. Ich war 19, hatte einen Job gefunden, der mich rundherum erfüllte, und jetzt gab es auch immer wieder Männer in meinem Leben, auch wenn ich mein Outing noch nicht offiziell vollzogen hatte. Bis eines Tages eine Kollegin beim Tagesabschluss zu mir sagte: »Hey, du bist doch schwul, oder?«

Ich war völlig perplex und dachte mir: Sieht man mir das an oder was? Im ersten Moment war ich erschrocken und stand da wie eine Salzsäule und vor lauter Verlegenheit antwortete ich: »Ich bin bi.«

Vielleicht dachte ich, das ist dann nicht ganz so schlimm? Wie auch immer. Jedenfalls habe ich mich mit dieser Kollegin dann sehr schnell sehr gut verstanden und wir sind zusammen feiern gegangen. Aber das große Coming-out hatte ich damals noch nicht.

Damals war für mich jeder Tag fast wie der perfekte Tag. Meine Arbeit hat sich nicht wie Arbeit angefühlt und ich war dort, wo ich hinwollte: mittendrin. Aber wie es oft so ist im Leben, kam dann irgendwann der Tag, an dem dieses Glück zu Ende ging: Das Café wurde verkauft und mit meinem neuen Chef kam ich von Anfang an nicht klar. Zunächst wusste ich nicht, was ich tun sollte, denn das stand nicht auf meinem Plan (den ich zu dem Zeitpunkt ja noch gar nicht hatte). Ich hatte in den Tag hineingelebt und mir über meine Zukunft null Gedanken gemacht.

Aber dann sagte meine frühere Chefin zu mir: »Mensch Markus, warum gehst du nicht einfach auf die Hotelfachschule? Der Job macht dir doch Spaß! Mach doch eine Ausbildung!«

Die Hotelfachschule *Steigenberger Akademie* in Bad Reichenhall gibt es seit bald 75 Jahren. Man lernt dort alles, was mit Genuss und Reisen zu tun hat. Ich hatte herausgefunden, dass die Hotelfachschule zu den führenden in Deutschland zählte und mit dieser Information im Gepäck machte ich mich auf zu meinen Eltern. Wenn ich ehrlich bin, hatte ich mit einer Ablehnung gerechnet, aber mir blieb damals nichts anderes übrig, als um ihre Hilfe zu bitten. Schließlich handelte es sich bei der *Steigenberger Akademie* um eine Privatschule, die man samt Internat selbst bezahlen muss. Ich hatte damals schon einen relativ hohen Lebensstandard, weil ich gut verdient hatte, und plötzlich fiel dieses Einkommen aber auf null. Mit einem flauen Gefühl im Magen klopfte ich also bei meinen Eltern an – und war überrascht von ihrer Reaktion! Sie hörten sich meine Idee an und nach einigen Gesprächen machten wir uns gemeinsam auf nach Bad Reichenhall zur Besichtigung.

Schon am Abend sagte mein Vater dann: »Okay, Markus. Das ist eine gute Idee. Wir investieren in deine Zukunft.«

Ich habe lange gebraucht, um wirklich zu verstehen, wie großartig die Reaktion meiner Eltern damals eigentlich war. Sie sahen meine Ausbildung als eine Investition an, die sich im Laufe der Jahre für mich lohnen und vielfach zurückkommen würde. Heute ist mir längst klar, wie mein unternehmerisch denkender Vater diesen Satz gemeint hat. Wäre ich damals schon reifer gewesen, hätte ich selbst in meine Ausbildung auch noch viel mehr investiert. Ich bedaure es bis heute, dass ich es nicht geschafft habe, meinem Vater für diese großartige Unterstützung mit Worten zu danken – selbst dann nicht, als er im Sterben lag.

Mindset 5
oder mein Marketingfitnessstudio

Es ist echt wahr: Mit dem »richtigen« Mindset kann jeder (fast) alles erreichen, was er sich vornimmt. Für Unternehmer heißt das Zauberwort dafür Marketing. Marketing ist der Schlüssel zu vielen Erfolgsgeschichten: Wenn ich mich richtig vermarkte, wenn ich selbst zur Marke werde, kann ich die Branche verändern – und damit meinen Preis definieren. Mit dem nötigen Marketing-Know-how führe ich Verkaufsgespräche, die den Kunden überzeugen, getreu meinem Motto: »Ohne Kommunikation gibt es keine Reaktion!«

EINER DER SCHLÜSSEL ZUM UNTERNEHMER-ERFOLG
SIND NEUE GEWOHNHEITEN.

Es geht darum, Automatismen zu entwickeln, mit denen Sie zukünftig strukturiert an Ihrem Marketing arbeiten können. Mit meinem *Marketing-Planer* habe ich vor einiger Zeit ein Werkzeug vorgelegt, mit dem man als Unternehmer ins Umsetzen kommt. Denn das ist das Entscheidende: dass Sie ins Umsetzen kommen und Sie sich selbst ein Versprechen geben. Der Anfang zu diesem Versprechen sind Notizen und Gedankenblitze, Marketing-Skripte oder Audio-Memos. Es geht darum, sich durch das Machen auf Erfolg zu programmieren. Erfolgreiche Menschen handeln, Menschen ohne Erfolg reden nur davon.

Schreiben Sie auf, welche Ziele Sie erreichen möchten und wie Sie Ihr Marketing gestalten wollen, welche Umsätze Sie erreichen wollen, wie viele Neukunden Sie gewinnen wollen und so weiter. Spüren Sie, wie ich für dieses Thema brenne?

Ich gebe es zu: Mit dem Marketing geht es vielen Unternehmern so wie mir mit dem Sport. Wer mich kennt, der weiß, dass mir Sport schwerfällt, denn schließlich ist der Genuss meine große Leidenschaft. Dennoch gibt es Phasen in meinem Leben, da habe auch ich das Bedürfnis, Sport zu treiben – um abzunehmen, um mich gesünder und fitter zu fühlen. Meistens mache ich dann zum Start viel zu viel und schon nach kurzer Zeit merke ich, wie meine Begeisterung und meine Selbstmotivation immer mehr nachlassen – bis ich schließlich gar nicht mehr ins Fitnessstudio gehe (eine Studie hat gezeigt, dass die meisten Mitglieder von Fitnessstudios nicht ins Fitnessstudio gehen). Um die Motivation länger halten zu können, ist bei mir ein Personal-Trainer sehr hilfreich, der mir zeigt, wie es geht und der mich gewissermaßen zwingt, dranzubleiben. Und was macht so ein Personal-Trainer? Er fragt mich nach meinen Zielen und stellt mit mir einen Trainingsplan auf!

Ich habe mein inzwischen viertes Buch, den *Marketing-Planer*, als Trainingsplan für das Marketing meiner Kunden geschrieben, weil für mich Marketing so einfach ist wie Sport: Man muss es nur tun! Aber im Gegensatz zum Sport liebe ich Marketing! Für mich ist Marketing supereinfach. Ich liebe es, neue Marketing-Strategien auf den Prüfstand zu stellen und in ihre Einzelteile zu zerlegen (im Gegensatz dazu kann ich nicht nachvollziehen, wie man nach einem stressigen Tag noch das Bedürfnis haben kann, nachts bei Schmuddelwetter laufen zu gehen). Und glauben Sie mir: Ich weiß, dass es vielen meiner Kunden mit dem Marketing so geht wie mir mit dem Sport.

Auf dem Weg zu mir selbst

Also hieß es: auf in die Hotelfachschule nach Bad Reichenhall! Sie kennen bestimmt das flaue Gefühl, das man im Magen hat, wenn man etwas Neues anfängt. Nach meinen durchwachsenen Erfahrungen mit dem Blockunterricht während meiner Ausbildung zum Parkettleger hatte ich mich auf das Schlimmste eingestellt. Meine Eltern hatten mir im Internat ein Einzelzimmer ermöglicht und weil ich schon eine Ausbildung und sogar Berufsjahre hinter mir hatte, war ich einer der ältesten Schüler. Ich kam also in Bad Reichenhall an und mir gingen die negativen Gedanken und Erfahrungen aus meiner Ausbildungszeit nicht aus dem Kopf. Ich war während meiner gesamten Ausbildungszeit zum Parkettleger die Rolle des Außenseiters nie losgeworden, weil ich in diesem Beruf einfach nicht mit der Zielstrebigkeit und dem Interesse meiner Mitschüler mithalten hatte können. Außerdem war die Erwartungshaltung als Sohn und Enkel aus der Parkettlegefamilie Mensch teilweise erdrückend.

Aber jetzt war eine andere Zeit angebrochen. Vor mir lag ein Jahr in Bad Reichenhall und ich erinnere mich sehr gut daran, wie ich dachte: Hoffentlich geht das gut! Am ersten Tag sind dann die meisten zu zweit in den Speisesaal gekommen. Ich war wieder allein. Ich setzte mich an einen leeren Tisch – und innerhalb von fünf Minuten wusste ich: Das ist mein Ding, hier passe ich rein! Gleich mehrere Mitschüler kamen auf mich zu, setzten sich an meinen Tisch und es dauerte nicht lange und ich war in der Hotelfachschule, in der Klassengemeinschaft und in meinem zukünftigen Beruf angekommen. Und sicher ein Stück weit auch bei mir selbst.

Mindset 6
oder was ist eigentlich Glück?

Welche Rolle spielt Glück in Ihrem Leben und was hat es mit unseren Glaubenssätzen, unserem Mindset zu tun? Ich vermute einmal, dass Sie all die Sprichwörter kennen, mit denen wir im Lauf des Lebens in Berührung kommen (und mit denen wir unser Mindset beeinflusst haben!): »Das Glück macht aus Bettlern Könige und aus Königen Bettler«, oder: »Glück und Glas, wie oft bricht das.« Und natürlich kennen Sie die Einstellung vieler Menschen, dass man sich das Glück erarbeiten oder verdienen muss: »Das Glück muss man erobern«, oder: »Das Glück des Tüchtigen.« Seien wir ehrlich: Wir können sie nicht mehr hören.

Mo Gawdat, ehemals Vice President Business Innovation von Google [X], hat die These aufgestellt, dass Glück wie eine Art Grundeinstellung unseres Daseins ist und ich glaube, er hat recht. Stellen Sie sich für einen Augenblick vor, Sie wären ein Baby. Sie haben gerade Ihr Fläschchen bekommen, es ist warm, Sie liegen in Mamas Arm und die summt Ihnen ein Lied vor und vor fünf Minuten haben Sie eine neue Windel bekommen. Und jetzt übertragen Sie diesen Zustand ins Erwachsenenleben. Was würden Sie empfinden? Keinerlei Störgeräusche, kein Kunde, der irgendetwas von Ihnen will, keine E-Mail, die Sie noch nicht beantwortet haben, kein Brief vom Finanzamt, der schon seit drei Wochen auf Antwort wartet, und das Handy liegt ausgeschaltet irgendwo tief vergraben in Ihrer Handtasche (oder tief am Meeresgrund). Blenden Sie also einmal für einen Moment all diese Störfaktoren aus und stellen Sie sich vor, es gäbe sie einfach nicht. Was würden Sie empfinden? Ruhe? Entspannung? Glück?

Ich bin auch der Meinung, dass Glück eine Art Urzustand ist, in den wir uns im stressigen Alltag immer wieder gedanklich zurückversetzen wollen – und sollten. Daher fahren wir in Urlaub, darum gehen wir in die Sauna oder gönnen uns ein Wellness-Wochenende mit Ganzkörpermassage und allem Drum und Dran. In gewisser Weise drücken wir damit unseren Reset-Knopf und versuchen, unseren Urzustand wiederherzustellen oder uns zumindest in die Nähe dieses Zustands zurückzuversetzen.

Und was hat das alles mit unserem Mindset zu tun? Viel! Sehr viel! Denn je öfter Sie in diesem Säuglingsurzustand namens Glück sind, desto besser wird es Ihnen gelingen, Ihre Gedanken in eine positive Richtung zu lenken, Kraft für neue Aufgaben zu schöpfen, sich treiben zu lassen und dadurch neue Ideen zu entwickeln. Die Botschaft könnte also ungefähr so lauten: Räumen Sie Steine aus dem Weg, werfen Sie unnötigen Ballast ab, gehen Sie Menschen aus dem Weg, die Ihnen nicht guttun, und versuchen Sie, Ihr Leben so zu gestalten, dass Sie möglichst oft Zeit in diesem schönen Zustand verbringen können, den man Glück nennt – dann, erst dann, haben Sie die Chance, erfolgreich zu sein (und gesünder ist es obendrein).

Zehn Versuche, neun Treffer

Die Zeit in der *Steigenberger Akademie* ist für mich auch heute noch eines der Highlights meines Lebens. In diesem einen Jahr in Bad Reichenhall entstand ein Freundeskreis, der bis heute besteht. Ich erinnere mich, wie ich jedes einzelne Wort meiner Lehrer und Ausbilder aufgesogen habe. Für mich war alles interessant und ich habe mich in dieser Zeit superwohl gefühlt. Mir wurde von Tag zu Tag klarer, welche unfassbaren Möglichkeiten es im Bereich der Hotellerie und des Gastgewerbes gibt. Angefangen vom Kellner im kleinen Café, der schon froh war, wenn der Cappuccino und die Latte macchiato toll aussahen, bis hin zur großen, weiten Welt in den ganz großen Häusern rund um den Erdball. Mein Mindset wurde geradezu gesprengt: Der kleine Regensburger Markus hatte den Duft der großen, weiten Welt in die Nase bekommen und plötzlich war auch alles andere vollkommen klar und vor allem in Ordnung: Ja, ich war schwul und das würde ich auch bleiben!

Ich möchte sogar behaupten, dass ich in der Hotelfachschule durch meine Homosexualität und sicher auch durch mein Alter einen besseren Start als so manch andere hatte. Die Mädels hatten sich schnell mit mir verbündet, weil wir gewissermaßen die gleiche Zielgruppe und damit genügend Gesprächsstoff hatten. Außerdem wurde mir in Bad Reichenhall sehr schnell klar, dass meine Heimat nicht in Regensburg ist, sondern dass ich auf der ganzen Welt zu Hause sein kann. Ich habe damals von Berufen erfahren, die ich bis dahin noch nie gehört hatte, und wir bereisten in dieser Zeit im Kopf Länder und Städte – mit dem Ergebnis, dass mir klar war: Nach diesem Jahr würde ich sicher nicht mehr nach Regensburg zurückkehren.

Hamburg setzte sich von Anfang an als neuer Sehnsuchtsort in meinem Kopf fest, und als es langsam, aber unaufhaltsam auf das Ende meiner Zeit in der Hotelfachschule zuging, stand das Thema Bewerbungen an. Ich hatte damals insgesamt zehn Bewerbungen losgeschickt und mich in den besten Häusern der deutschen Metropolen um eine Ausbildungsstelle als Restaurantfachmann beworben: Berlin, Hamburg natürlich, München, Köln, Frankfurt.

Sie werden es kaum glauben, aber von den zehn Bewerbungen erhielt ich sage und schreibe neun Job-Zusagen! Ich hatte also die Qual der Wahl und weil sich in meinem Kopf aber Hamburg von Anfang an festgesetzt hatte, entschied ich mich für eines dieser Designerhotels in Hamburg, das damals schon ein super Renommee genoss. Da wollte ich hin!

Für meine Eltern war das erwartungsgemäß ziemlich weit weg, aber für mich war klar: je weiter weg, desto besser. Aber es kommt im Leben ja oft anders als geplant: Die zehnte Bewerbung, die damals noch offen war, hatte ich an das *Hotel Vier Jahreszeiten* in München geschrieben – und von dort erhielt ich eine Einladung zur Teilnahme an einem Assessment-Center. Ich hatte damals keine Ahnung, was das ist, und mit der Lockerheit und der Unbekümmertheit einer festen Jobzusage in Hamburg fuhr ich nach München.

Ich erinnere mich, als ob es gestern gewesen wäre, dass ich mit dem naiven Gedanken »Ich bin hier, um etwas zu lernen« in dieses Auswahlverfahren ging – und ob Sie es mir glauben oder nicht: Ich hatte vom ersten Moment an Spaß! Vor mir saßen zwar lauter superwichtige Führungskräfte dieses unglaublich angesehenen Hotels im Herzen der Weltstadt München. Aber das machte mir einfach nichts aus! Wir saßen uns wie in einem Klassenzimmer gegenüber und mussten verschiedene Aufgaben erledigen. Eine dieser Aufgaben bestand darin, eine Orange zu filetieren. Also saß ich da mit Messer und Gabel und hatte keine Ahnung, was ich tun sollte. Ich wusste zwar, wie eine filetierte Orange aussieht, aber den Weg dorthin kannte ich nicht. Und anstatt in Tränen auszubrechen oder so zu tun, als ob ich wüsste, was ich mache, begann ich zu lachen. Ich lachte herzhaft über meine eigene Dummheit und als einer aus der Riege der Führungskräfte auf mich zukam und mich fragte, was denn so lustig wäre, sagte ich es ihm einfach: »Ich lache über mich, weil ich zu blöd bin, eine Orange zu filetieren.«

Die Reaktion war einfach großartig: Ich steckte die anderen mit meinem Lachen an und fand es sensationell, sympathisch und sehr, sehr menschlich. Alle im Saal lachten und ich war fasziniert, denn immerhin befand ich mich in einem der renommiertesten und wohl auch teuersten Hotels Deutschlands. Was mich am meisten beeindruckte, war das Gefühl von Gemeinschaft, von Lockerheit. Plötzlich tuschelte die Personalmanagerin mit dem Assistant-Manager und wurde von einem Kollegen scherzhaft gerügt. Es war großartig!

Nach der vermeintlichen Blamage mit der Orange verließ ich das Assessment-Center und das *Hotel Vier Jahreszeiten*. Ich blickte auf die Maximilianstraße und spürte in mir den tiefen Wunsch, meine Ausbildung genau dort und nirgends anders zu machen. München war für mich bis dahin eine Stadt gewesen, die mich nie sonderlich interessiert oder begeistert hatte. Für mich war diese Stadt bis dahin Chaos. Ich wollte damals nie und nimmer dort leben, geschweige denn arbeiten. Als ich dann allerdings nach der Teilnahme an diesem Assessment-Center auf die Maximilianstraße trat, spürte ich in mir den tiefen Wunsch, genau in diesem Haus, einem der bestrenommierten und sicherlich auch teuersten Hotels Deutschlands, meine Ausbildung machen zu wollen. Und so kam es dann auch: Kurz vor Weihnachten erhielt ich die schriftliche Zusage für den Ausbildungsplatz im *Hotel Vier Jahreszeiten*. Der nächste Meilenstein in meinem Leben war gesetzt.

Mindset 7
oder »If I had a hammer ...«

An jedem Tag, den wir bestreiten, vollführt unser Gehirn die immer gleichen Abläufe: Es beobachtet, analysiert und zieht permanent Schlussfolgerungen. Aber nicht jedes Gehirn zieht immer automatisch die richtigen Schlussfolgerungen. Ich denke da an eine Geschichte, die ich in Paul Watzlawicks Buch »Anleitung zum Unglücklichsein« gelesen habe. In der Geschichte geht es um einen Mann, der ein Bild aufhängen möchte. Einen Nagel hat er zwar, aber keinen Hammer. Er weiß aber, dass sein Nachbar einen hat, und daher beschließt er hinüberzugehen und sich den Hammer auszuleihen. Aber dann spielen ihm seine Gedanken einen Streich. Er denkt an die Möglichkeit, dass ihm der Nachbar den Hammer womöglich nicht leihen möchte, schließlich hat ihn dieser am Tag zuvor nur flüchtig gegrüßt. Der Mann zieht in Betracht, dass der Nachbar womöglich in Eile war. Aber was wäre, wenn diese Eile nur ein Vorwand war und er doch etwas gegen ihn hat? Aber was nur? Der Mann grübelt nach und langsam kommt ein Groll gegen den Nachbarn hoch. »Ich habe ihm doch nichts getan«, denkt er. Wenn bei ihm jemand an der Haustür läuten würde, er würde jedem seinen Hammer leihen. Wie kann der Nachbar nur so schlecht sein und ihm so einen einfachen Gefallen abschlagen? Der Mann steigert sich immer mehr in den Gedanken hinein, dass ihm der Nachbar den Hammer sicher nicht leihen wird. »Solche Typen wie der vergiften einem den Tag«, denkt er und die Unsicherheit verwandelt sich in Wut, die sich von Minute zu Minute steigert. Schließlich stürmt der Mann zu seinem Nachbarn, läutet an der Haustür und noch bevor der »Guten Tag« sagen kann, schreit der Mann ihn an: »Behalten Sie doch Ihren Hammer, Sie Rüpel!«

Unser Gehirn spielt uns oft Streiche, die wir aber als solche leider nicht immer erkennen. Viel zu oft interpretieren wir Ereignisse nicht richtig und nicht selten viel zu radikal. Ein erster Schritt zu verhindern, dass uns diese Streiche das Leben schwer machen, ist sie auch als Streiche zu erkennen. Diese Theorie habe natürlich nicht ich erfunden, sonst wäre ich ja Verhaltensforscher. So einer wie der amerikanische Psychiater Aaron Beck zum Beispiel, der in den 1960er-Jahren in der Arbeit mit seinen Patienten herausfand, dass deren Probleme oft von ihren Glaubenssätzen stammten. Der Psychiater stellte fest, dass sich seine Patienten dessen aber nicht bewusst waren. Daher erfand er eine Methode, mit der er seine Patienten Schritt für Schritt dazu anleiten konnte, ihr Verhalten zu verändern. Die Methode bestand vereinfacht gesagt darin, dass er seinen Patienten zunächst beibrachte, auf ihre Glaubenssätze zu achten und sie als solche überhaupt erst einmal zu erkennen. Ich stelle mir vor, dass er seinen Patienten vielleicht auch auftrug, in bestimmten Situationen diese Glaubenssätze mit einem Satz zu benennen. Was aber sicher noch entscheidender war: Beck entwickelte eine Methode, seinen Patienten beizubringen, diese Glaubenssätze zu verändern. Seit vielen Jahren gibt es für diese Art der Patientenarbeit einen Ausdruck: kognitive Verhaltenstherapie.

Im Prinzip geht es bei dieser Therapie darum, sich bestimmte Situationen mit einer ganz objektiven Brille anzusehen und sie in Fakten zu zerlegen. Ich befinde mich also in dieser und jener Situation und identifiziere erst einmal meinen Gedanken. Dann sehe ich mir die Schlussfolgerung an und bevor mich diese Schlussfolgerung auf einen Irrweg führt, zerlege ich sie in die Einzelteile und prüfe, ob sie auch wirklich stimmt. Wenn wir uns die fiktive Geschichte mit dem Hammer-Mann nochmals ansehen, dann können wir die Methode von Beck sehr leicht anwenden: Die Beobachtung war, der Mann hat festgestellt, dass ihn der Nachbar am Vortag nur flüchtig gegrüßt hat. Welche Beweise gibt es für die Schlussfolgerung, dass der Nachbar etwas gegen den Mann hat? Antwort: keinen einzigen. Daraus folgt, dass der Mann diese Annahme sofort streichen sollte.

Aber bevor ich mich hier noch weiter als Verhaltensforscher auslasse, zurück zu meinem eigentlichen Anliegen: Überprüfen Sie immer und überall Ihre Glaubenssätze und streichen Sie Schlussfolgerungen, die sich nicht beweisen lassen. Es könnte nämlich genau andersherum sein. Was das alles mit Mindset zu tun hat? So gut wie alles würde ich minen, ähh, meinen.

Vier Jahreszeiten!

Es stand also fest: Der Markus geht nach München ins *Hotel Vier Jahreszeiten*! Wieder konnte ich mich voll auf meine Eltern verlassen, die mir in München eine Eigentumswohnung kauften, damit ich auch dort mietfrei wohnen konnte. Wie erwartet blühte ich in München auf. Ich konnte endlich offen schwul leben, ging in die Schwulenclubs der Stadt und machte in einem Hotel, das zu den besten im Land zählt, meine Ausbildung, die ich vom ersten Tag an genoss. Ich hatte super Chefs, tolle Kollegen, eine unfassbar angenehme Umgebung und ich wohnte mitten im Epizentrum der Stadt in Schwabing nah an einem Park. Es fühlte sich nach Jackpot an und leider kann ich heute erst die Tragweite und die Großartigkeit erkennen und wertschätzen: Was meine Eltern damals für mich getan haben, was sie mir ermöglichten, ist einfach nur großartig!

In München konnte ich endlich der Markus sein, der ich sein wollte und der ich halt nun einmal auch war. Aber sobald ich nach Regensburg zurückkehrte, war ich wieder der Sohn, den sich meine Eltern vorgestellt hatten und der ich glaubte, sein zu müssen. Von einem Outing meinen Eltern gegenüber war ich damals meilenweit entfernt. Ich erzählte, was ich für wichtig und interessant für meine Eltern hielt, und natürlich stellte ich meine beruflichen Erfolge in den Vordergrund. Ich wollte meinen Eltern beweisen, dass sich ihr Investment in mich lohnt; ich wollte es richtig machen, ich wollte es gut machen, denn mir war klar, dass ich liefern musste.

Der Druck, den ich mir damals selbst gemacht habe, wurde damit immer größer: Ich fühlte mehr und mehr, dass von meinen Eltern, vor allem von meinem Vater nichts kam: kein Lob, keine Anerkennung. Dabei war das doch immer mein innerster Antrieb! Ich hatte meine Eltern sicher mit meiner Entscheidung, den Betrieb in Regensburg nicht weiterführen zu wollen, zutiefst getroffen und da sah ich mich in einer tiefen Pflicht und Schuld – und mit jedem nicht gesagten Wort der Anerkennung und des Lobes aus dem geschlossenen Mund meines Vaters verstärkte sich dieses Gefühl. Ich musste beweisen, dass ich in der Lage war, selbst etwas auf die Beine zu stellen, um endlich hören zu können: Das hast du gut gemacht, wir sind stolz auf dich.

Aber es kam einfach nichts und so wuchs in mir der Drang nach diesem »höher, schneller, weiter«. Ich reihte eine Zusatzausbildung an die andere, schloss die Ausbildung zum Restaurantfachmann früher und sogar mit Lehrzeitverkürzung hervorragend ab. Nach der Ausbildung übernahm ich schnell höhere Aufgaben, wurde Schichtleiter am Bankett, baute mit einer Kollegin eine neue Abteilung auf und machte eine Ausbildung zum Sommelier.

Der Druck, nicht nur im Betrieb immer weiterkommen zu wollen, sondern auch endlich Anerkennung von meinen Eltern zu bekommen, trieb mich schließlich so weit, dass ich für mich die Entscheidung traf, es mit einer beruflichen Selbstständigkeit zu versuchen. Meine Hoffnung war, dass ich dadurch von meinem Vater, der ja selbst Unternehmer war, endlich meine verdiente Anerkennung bekommen müsste. Für kurze Zeit machte ich mich damals sogar auf die Suche nach einer geeigneten Lokalität in Regensburg, aber als ich nichts Passendes fand, entschied ich mich schließlich für ein Lokal im Münchner Stadtteil Lehel. Und schon bald nach meiner Ausbildung brach die Geburtsstunde des Gastronomen Markus Mensch an.

Mindset 8
oder ein t macht den Unterschied

Es ist zwar nur ein t, aber dieses t kann einen riesigen Unterschied machen: Ist er gescheitert oder ist er gescheiter? Vielleicht ist jemand aber auch gescheiter, nachdem er gescheitert ist? Hoffentlich! Hauptsache, er ist nicht auf dem Scheiterhaufen gelandet durch sein Scheitern. In einem etymologischen Wörterbuch der deutschen Sprache habe ich gelesen, dass das Wort Scheitern vom Scheit kommt, also von einem Stück Holz. Insofern heißt scheitern, dass etwas in Stücke geht, dass etwas zerbricht oder auseinanderbricht – ein Traum zum Beispiel oder etwas, das ich versucht habe, was mir aber nicht gelungen ist.

Geschichten vom Scheitern füllen wahrscheinlich seit Jahrhunderten von Jahren Millionen von Büchern. Scheitern gehört zum Leben, auch wenn es noch so schmerzhaft ist. Aber wenn ich aus der vermeintlichen Niederlage etwas lerne, wenn ich daraus gescheiter hervorgehe, dann hat das Scheitern natürlich etwas Gutes mit sich gebracht. Sicher kennen auch Sie Geschichten vom Scheitern. Aus Ihrem Leben, aus Ihrer Familiengeschichte, aus Ihrem Job oder aus dem Fernseher. Da ist die Fußballmannschaft, die ein Spiel haushoch verloren hat, weil genau in diesem Spiel Schwächen in der Abwehr ersichtlich wurden – an denen dann in den nächsten Trainingseinheiten hart gearbeitet wird. Im nächsten Spiel treten diese Mängel nur noch sporadisch auf und die Mannschaft spielt unentschieden gegen den Tabellenführer und beim nächsten Spiel hat sie wieder neue Erkenntnisse dazugewonnen, sich vielleicht auch verstärkt, und schon fährt die Mannschaft den ersten Saisonsieg ein und ist auf dem Weg nach oben. Was ist passiert? Die Mannschaft hat aus der bitteren Niederlage gelernt und sie hat sich geschworen, dass so etwas nie mehr passieren darf – und sie erzielt nun Erfolge, die ohne das Scheitern vermutlich gar nicht möglich gewesen wären.

Ich wiederhole mich gerne: Scheitern gehört zum Leben und wenn man das Scheitern bereits in seinen Plan mit einbaut, können sich Niederlagen sogar als Lernauftrag erweisen. Es kommt immer darauf an, wie man mit den Niederlagen umgeht. Eine Niederlage kann mich komplett aus der Bahn werfen, eine Niederlage kann mich aber auch motivieren und zum Champion machen. So wie Thomas Alva Edison zum Beispiel. Aber erst einmal zurück nach München.

Erstes Restaurant – erstes Scheitern

Und wieder konnte ich mich voll und ganz auf die Unterstützung meiner Eltern verlassen. Mein Vater half beim Innenausbau und sorgte für die nötige wirtschaftliche Sicherheit meines Großprojekts und so entstand ein 300 Quadratmeter großes Restaurant im teuersten Viertel Münchens. Heute kann ich sagen, dass damals meine Leidenschaft für das Marketing begann. Wie schon im *Hotel Vier Jahreszeiten* musste ich Konzepte entwickeln und wie selbstverständlich hatte ich es für mein eigenes Restaurant mit den Themen Marketing und PR zu tun. In der Hotelfachschule hatte ich darüber viel gelernt und jetzt war die Stunde gekommen, mein Wissen in die Tat umzusetzen. Zunächst zog ich eine der besten Werbeagenturen der Stadt zurate und mit deren Hilfe gelang ein gigantischer Start mit herausragendem Logo, Webdesign und einem einzigartigen Branding. Meine Leidenschaft für ebendiese Themen wurde immer stärker – sie hat mich bis heute nicht wieder losgelassen.

Von Anfang an war mein erstes Lokal eine runde Geschichte: Freunde wurden zu Mitarbeitern, Mitarbeiter zu Freunden und innerhalb von sechs Monaten entwickelte ich mein Lokal zu einem Fine-Dining-Restaurant. Wir veränderten Küche, Tischdeko, Stoffe und Thematiken und damit änderte sich fast automatisch auch die Zielgruppe und die Gästeklientel und innerhalb kurzer Zeit konnte ich mir mit meinem Lokal einen beachtlichen Rang erkämpfen.

Was soll ich sagen: Ich war plötzlich omnipräsent in Presse und Medien und habe alles gegeben, um diesen Status immer weiter auszubauen und weil ich immer mehr gespürt habe, dass es für mich besser wäre, mich von meiner doch recht teuren Werbeagentur zu trennen, nahm ich mein Marketing selbst in die Hand. Und das blieb in der Stadt nicht unbemerkt. Mitbewerber kamen auf mich zu mit der Frage, wer für mich mein Marketing machen würde, und meine Antwort »Das mache ich selbst« war aus heutiger Sicht die Geburtsstunde meiner Mplus Agentur.

Der gigantische Erfolg meines Lokals im ersten Jahr, vor allem aber die immer noch ausbleibenden Glückwünsche und Anerkennung durch meine Eltern haben mich dann zu der Entscheidung getrieben, immer größer und immer weiter zu denken: Ein zweites Lokal musste her!

Zwölf Monate nach der geglückten Eröffnung im Lehel eröffnete ich in der Maxvorstadt ein supermodernes Restaurant mit Daily Bar und Daily Bistro in einer absoluten Toplage. Nach einer schnellen Eröffnungsphase von nur vierzehn Tagen stand ich wieder in der Presse. Die Eröffnung war grandios und die Presse überhäufte mich mit ganzseitigen Berichten und viel Vorschusslorbeeren. Wieder war ich Stadtgespräch.

Umso erschreckender war die Erkenntnis, dass das Restaurant nicht funktionierte! Es stellte sich sehr schnell heraus, dass ich das zweite Lokal nur durch Geld am Leben erhalten konnte, das ich aus meinem ersten Lokal abzweigen musste. Dazu kamen immer mehr Probleme mit Mitarbeitern, die dort arbeiten wollten, wo was los war, und so kam eines zum anderen: Mitarbeiter verließen das sinkende Schiff und für mich brach eine völlig neue Zeit an. Bis zum damaligen Zeitpunkt hatte ich im Prinzip nur die eine Richtung nach oben gekannt. Dass ich meinen ursprünglich vorgezeichneten Weg als Parkettleger nicht weitergegangen war, hatte ich nie als Scheitern empfunden. Nun aber zeichnete sich diese Erfahrung bereits dunkel und immer dunkler am Horizont ab.

Es begann, an allen Ecken zu bröckeln. Ich war wie gelähmt, denn diese Erfahrung kannte ich nicht. Ich kannte bis dahin nur den Erfolg. Scheitern hatte ich nicht auf dem Schirm! Ich konnte doch nicht das Lokal, das so unglaublich viel Geld verschlungen hatte, einfach so schließen! Heute weiß ich, dass man von einem toten Pferd schnellstmöglich absteigen muss. Als meine Eltern davon Wind bekamen, haben sie mir einen Unternehmensberater an die Seite gestellt, der angeblich einen Masterplan in der Tasche hatte. Der Masterplan aber entpuppte sich als Katastrophe!

Heute bin ich der Meinung, dass der Unternehmensberater in erster Linie seine eigenen Interessen verfolgt hat. Ein Restaurant wurde geschlossen und eines verkauft. In den Verkauf war der Unternehmensberater involviert, der Käufer wurde zugleich sein neuer Mandant. Durch Fehlabwicklungen blieb mir schließlich nichts anderes übrig, als den Weg in die Insolvenz zu gehen.

Ich habe bestimmt ein halbes Jahr gebraucht, um die Tragweite meines Scheiterns erkennen und anerkennen zu können. Ich saß wie gelähmt in meiner Wohnung und konnte nicht mehr weg. Ich wollte es nicht wahrhaben, dass ich tatsächlich gescheitert war. Neben mir lief die Autobahn weiter und ich saß auf der Landstraße in einem tiefen Schlagloch mit gebrochener Achse und wusste nicht, wie ich mich wieder in Bewegung setzen konnte. Ich kam keinen Zentimeter mehr vom Fleck.

Heute schaue ich auf diese Zeit mit gemischten Gefühlen zurück. Vielleicht habe ich diese Zeit voller Selbstmitleid und dem tiefen Gefühl, versagt zu haben, gebraucht, um der zu werden, der ich heute bin? Nein, nicht vielleicht: Sicher hat mich das reifen lassen. Als ich aber in diesem Loch saß, war es für mich einfach unmöglich, rauszugehen, etwas zu unternehmen, das Leben zu genießen. Es ging nicht. Ich hatte schließlich auf voller Linie versagt! Ich hatte es nicht geschafft, der Gastronom zu werden, der ich sein wollte. Ich hatte meinen Eltern bewiesen, dass ich es nicht konnte! Ich hatte bewiesen, dass ich es ohne meine Eltern nicht geschafft hatte, etwas auf die Beine zu stellen, und ohne meine Eltern wäre die Sache damals sicher noch schlimmer ausgegangen als ohnehin. Ein halbes Jahr lang, in dem ein riesiger Berg an Problemen abgetragen werden musste, habe ich mich mit Selbstmitleid geradezu übergossen – und dabei völlig vergessen, dass ich etwas anderes als die Gastronomie richtig gut kann: Marketing und PR!

Wie gut, dass im Lauf der Zeit immer mehr Leute gefragt haben, warum ich denn nichts mehr machen würde. Aber ich war in meiner Angst, abermals zu scheitern, gefangen und so hat es einige Zeit gedauert, bis dann tatsächlich die Geburtsstunde meiner Mplus Agentur angebrochen war. Die Angst, wieder nach draußen zu gehen und etwas zu wagen, war anfangs riesengroß. Ich dachte, die Leute würden sagen: Was willst du denn mit dem? Der hat doch sein eigenes Lokal nicht halten können, und der soll deine PR machen? Ich war überrascht, dass die Leute eben nicht so gedacht haben! Sie haben sich für meine Vergangenheit nicht interessiert; sie wollten Ergebnisse haben – und die habe ich geliefert!

Neustart aus dem Chaos

Das erste Büro meiner neuen Mplus Agentur war in einem abrissreifen Haus untergebracht, in dem sich kreative Leute für wenig Geld einmieten konnten. Heute würde man von einem Co-Working-Space sprechen, aber wenn man ehrlich ist, war es nichts weiter als eine Bruchbude mit Gemeinschaftstoilette auf dem Flur, in dem die Fliesen von den Wänden bröckelten und in dem man nie und nimmer Kunden hätte empfangen wollen. Allen widrigen Umständen zum Trotz hatte ich mir – wieder mithilfe meines unermüdlichen Vaters – eine kleine Oase geschaffen. Wieder einmal hatte mein Vater bewiesen, dass er, egal was ich machte, hinter mir stand. Allerdings in meinen Augen mehr durch seine Taten als durch Worte (die ich mir so sehr gewünscht hatte).

In diesem Umfeld begann meine Mplus Agentur langsam und dann immer schneller zu wachsen; ein zweiter Raum kam dazu, die ersten Mitarbeiter wurden eingestellt und die ersten Großprojekte wurden geschultert und erfolgreich abgeschlossen. Endlich konnte ich mich beweisen und meine Kreativität, mein Know-how und meine Verlässlichkeit im Alltag leben und schon bald konnte ich mit meinem kleinen Team in ein repräsentatives Drei-Zimmer-Büro in der Nähe des Hauptbahnhofes ziehen. Von da an haben wir dann richtig Gas gegeben! Meine Agentur wuchs und wuchs und wir machten für unsere Kunden immer mehr PR mit Promis, organisierten große Projekte und Events. Ich war aufgestanden, hatte meine Krone zurechtgerückt – und nun war ich wieder in aller Munde.

Mindset 9
oder die grandioseste Geschichte vom Scheitern, die ich kenne

Bevor Thomas Alva Edison im Jahr 1879 die Glühbirne erfand, hat er den Erzählungen nach über 2000 Kohlefäden ausprobiert, die alle nicht den von ihm gewünschten Effekt zeigten. Wenn man so will, ist Edison 2000-mal gescheitert, bis es dann endlich zum Durchbruch kam. Wie es mit der Glühbirne weiterging, wissen wir ja alle.

Eine für mich noch beeindruckendere Geschichte des Scheiterns handelt von einem Mann, der als Neugeborener nach der Geburt ausgesetzt wurde und bei Adoptiveltern aufwuchs. Bei seiner Einschulung konnte der Junge bereits lesen und schreiben. Als junger Mann war ihm das Korsett einer Universität zu eng – er wollte seine eigenen Träume verwirklichen. Zusammen mit einem Freund konstruierte er ein Gerät, das in einem damals noch völlig neuen Markt bahnbrechend war. Er gründete zusammen mit dem besagten Freund und einem Bekannten eine Firma. Bald drauf stellte er einen Manager ein, der ein paar Jahre später dafür sorgte, dass er aus seinem eigenen Unternehmen flog. Zum Glück für uns alle ist der Mann damals aufgestanden, hat seine Krone zurechtgerückt und hat weitergemacht. Er hat wieder ein eigenes Unternehmen gegründet, das elf Jahre später von seiner früheren Firma gekauft wurde. Unser Mann wurde zunächst Mitglied des Vorstands und zwei Jahre später Geschäftsführer des Unternehmens, das ohne jeglichen Zweifel die Welt komplett verändert hat und längst Kult-Status genießt. Die Präsentationen der Geräte, die der Mann in einzigartiger Weise vorstellte, gelten heute noch als Hochamt für alle Keynote-Speaker dieser Welt. Leider ist dieser geniale Mann im Jahr 2011 viel zu früh verstorben, aber sein Andenken halten Milliarden von Menschen Tag für Tag oft stundenlang in ihren Händen. Für mich ist dieser Mann heute noch die Kultfigur schlechthin und ein großartiges Beispiel dafür, wie wichtig es ist, nach einem vermeintlichen Scheitern aufzustehen und weiterzumachen. Sie wissen natürlich längst, von welchem Menschen die Rede ist.

Ich meine den legendären Steve Jobs von Apple – und von ebendiesem genialen Menschen stammen so ziemlich die genialsten Worte, die je ein Mensch zu diesem Thema gesagt hat, wie ich finde: *»Manchmal trifft dich das Leben am Kopf wie ein harter Stein. Verliere dann nicht den Glauben. Nachdem ich bei Apple gefeuert wurde, war die Tatsache, dass ich liebte, was ich gemacht hatte, das Einzige, das mich weitermachen ließ. Deshalb: Finde, was du liebst. … Wenn du es noch nicht gefunden hast: Suche weiter! Wenn du es gefunden hast, wirst du es mit jedem Schlag deines Herzens spüren.«*

Meteoriteneinschlag und ein nie geführtes Gespräch

Meine Agentur lief und lief, wurde immer größer und immer wieder wurden mir Gastroprojekte angeboten. Eines Tages bekam ich das Angebot, in einem Hotel mein großes Restaurant wieder aufleben zu lassen, das meine Nachfolger mehr oder minder an die Wand gefahren hatten. Und so kam es zu der Entscheidung, es noch einmal als Gastronom zu versuchen: Wieder gelang die Eröffnung, wir hatten einen gigantischen Start, waren Wochen im Voraus ausgebucht, unsere Menüs wurden in den Tageszeitungen der Stadt abgedruckt und immer mehr Partner boten mir ihre Kooperation an.

Als ich erfuhr, dass es meinem Vater zu Hause in Regensburg nicht gut ging, war das natürlich ein Schock. Mein Vater hatte schon länger über Rückenschmerzen geklagt und oft husten müssen. Es dauerte nicht lange, bis die Diagnose Lungenkrebs in unserer Familie einschlug wie ein Meteorit. Ich hatte keine Ahnung, wie ich mit der Krankheit meines Vaters umgehen sollte. Ich erinnere mich, dass ich zu der Zeit mit all den Themen immer stärker überfordert war: die Agentur, die inzwischen super lief, das Restaurant, das ebenfalls super lief und dann zu Hause in Regensburg meine Mutter, die sich natürlich unendlich Sorgen um meinen Vater machte.

Der altbewährte Familienbetrieb stand mit der Erkrankung meines Vaters vor einer großen Herausforderung und es dauerte nicht lange, bis die ersten Mitarbeiter zu einem anderen Betrieb wechseln mussten. Der Plan war, dass mein Vater nach einer Operation und einer anschließenden Reha den Betrieb mit seinen Stammkunden weiterführen würde. Doch dann kam alles anders: Nach der Operation an der Wirbelsäule kehrte mein Vater querschnittsgelähmt und pflegebedürftig nach Hause zurück und ich spürte immer deutlicher, wie der Boden unter meinen Füßen ins Wanken geriet und ich den Fokus verlor.

Natürlich war ich immer öfter zu Hause bei meinen Eltern in Regensburg – mit der Folge, dass meine Mitarbeiter im Restaurant taten, was sie wollten. Termine wurden versäumt und alles lief aus dem Ruder. In unserer Familie musste ich mit der Tatsache zurechtkommen, dass das Oberhaupt unserer Familie zu einem Pflegefall geworden war. Bis dahin war es so, dass mein Vater immer alle Entscheidungen getroffen hatte. Er hatte stets eine Lösung parat. Und plötzlich war alles anders: Für seine Situation hatte er keine Lösung und meine Vorschläge wurden nicht angenommen.

Natürlich war das alles in allem eine schwere Zeit für meine Familie und mich. Meine Mutter hatte sehr früh ihre eigene Mutter verloren und war froh, mit meinem Vater einen starken Mann an der Seite zu haben, der sich um alles gekümmert hatte: Betrieb, Hausverwaltung der eigenen Immobilien, Behörden und viele Dinge mehr. Meine Mutter war all die Jahre zufrieden gewesen, das Regiment über den Haushalt führen zu dürfen. Und nun?

Plötzlich musste sich meine Mutter um Dinge kümmern, die sie noch nie gemacht hatte, und natürlich wurde auch ich immer stärker in diese Abläufe hineingezogen – mit der Folge, dass ich knapp ein Jahr nach der Eröffnung meines neuen Restaurants die Konsequenz zog und mich für meine Familie in Regensburg entschied. Auf so vielen Hochzeiten gleichzeitig zu tanzen war einfach nicht mehr möglich und letztlich war die Entscheidung, mich vom Restaurant zu trennen, unausweichlich.

Obwohl ich meinen Vater damals als Pflegefall wahrgenommen habe, redete ich mir ein, dass das nur eine vorübergehende Sache war und dass alles wieder in Ordnung kommen würde. Meine Mutter wollte den Ernst der Lage auch nicht wahrhaben und redete sich unaufhörlich ein, dass alles wieder gut werden würde. Aber dann musste mein Vater wieder ins Krankenhaus.

Die Diagnose war eindeutig: Der Krebs hatte trotz Operation sein Zerstörungswerk fortgesetzt, ein weiterer Eingriff war sinnlos geworden. Als mich meine Mutter anrief, um mir mitzuteilen, dass mein Vater auf die Palliativstation verlegt worden war, sagte sie mir, dass sie dort mit meinem Vater alternative Therapien durchführen würden. Google sagte mir allerdings etwas ganz anderes und als ich mit meiner Mutter darüber sprach, dass eine Palliativstation zugleich die Endstation war, wollte sie immer noch nicht wahrhaben, dass es mit meinem Vater zu Ende gehen würde. Und mir ging es genauso.

Unausweichlich kam der Tag, an dem mich der Arzt anrief und mich bat, nach Regensburg zu kommen. In München hatte ich ein großes Event vor mir und ich sagte dem Arzt, ich würde dann am Wochenende kommen, ich wäre im Moment unabkömmlich. Der Arzt wiederholte aber dann klar und unmissverständlich: Herr Mensch, Sie sollten *heute* nach Regensburg kommen!

Als ich meinen Vater zum letzten Mal sah, war er nicht mehr der Mann, den ich gekannt hatte. Er war völlig hilflos, aus seinem Gesicht war das Leben schon weitestgehend gewichen und er wurde durch die Nase beatmet. Ich ging mit meiner Mutter in dieses kahle Zimmer. Meine Mutter war wohl der Meinung, dass zwischen meinem Vater und mir viel Gesprächsbedarf bestand, denn plötzlich hatte sie unheimlich viel Durst und so ließ sie mich mit meinem Vater und der Aussage allein, wir sollten uns ruhig Zeit lassen, sie würde dann schon irgendwann wiederkommen.

Was hätten wir alles zu besprechen gehabt, mein Vater und ich? Millionen von Gedanken schossen mir durch den Kopf. Über dieses Leben als Parkettlegemeister, das ich nicht leben wollte und nie gelebt habe, hätte ich sprechen können, oder über die Enttäuschung meines Vaters, dass sein Betrieb nun dem Ende entgegenging. Oder über all die große Unterstützung und das Vertrauen, das er mir immer wieder geschenkt hatte – oder gar über meine Homosexualität? Von meinen Projekten hätte ich ihm erzählen können oder einfach davon, wie sehr ich mich in all den Jahren nach einem Wort der Anerkennung, des Lobes gesehnt hatte. Natürlich hätte ich mich bedanken können für alles, was mein Vater immer wieder für mich getan hatte, und ich hätte ihm auch sagen können, dass er als Vater alles richtig gemacht hat und dass ich jetzt erfolgreich bin mit meiner Agentur und dass ich hoffe, dass es für ihn in Ordnung ist, was ich jetzt mache und wie ich es mache. Ich hätte ihm auch einfach nur sagen können, dass ich ihn liebe.

Nichts von alledem habe ich gesagt und auch mein Vater hat geschwiegen bis zur letzten Sekunde, in der wir in diesem Zimmer zusammen waren. Wir haben uns nur angesehen und jede Minute hat sich angefühlt wie eine Stunde. Ich weiß bis heute nicht, warum ich dieses Gespräch nicht führen konnte. In der darauffolgenden Nacht ist mein Vater für immer eingeschlafen.

Mindset 10
oder Gedanken lenken

Unsere Zukunft ist zum großen Teil das Produkt unserer Gedanken, denn das, was wir tun, entsteht fast immer aus unseren Gedanken heraus. Jede Erfindung, jede Brücke, jeder Song und jede mathematische Formel war im Ursprung nichts anderes als ein Gedanke. Einen dieser Gedanken hatte vor vielen Jahren ein Mann, der 1944 als Sohn eines Schreibwarenhändlers geboren wurde. Er genoss eine strenge, konservative Erziehung und schon in jungen Jahren las er gerne Romane von Robert Louis Stevenson, Daniel Defoe, Mark Twain. Sein Vater ging fest davon aus, dass er den Schreibwarenladen eines Tages übernehmen würde, aber der Sohn hatte schon früh andere Pläne (kommt Ihnen das bekannt vor?). Als Teenager entdeckte er seine Leidenschaft für Motorräder und Autos und mit 16 träumte er von einer großen Karriere als Rennfahrer, aber dann lag er mit 18 nach einem Autounfall ein paar Tage im Koma. Er gab diese Karrierepläne auf, ging aufs College und studierte Anthropologie, Psychologie und Philosophie. Nach dem Collegeabschluss schrieb sich der junge Mann schließlich an der Filmhochschule in Los Angeles ein.

1973 bis 1974 schrieb unser junger Mann an einer Science-Fiction-Geschichte, die auf den Motiven von alten Mythen und Märchen aufgebaut war. Aber das Drehbuch war wahnsinnig komplex und daher schwer umzusetzen und mehrere Produktionsfirmen lehnten es ab – was sie später sicherlich nicht nur einmal bitter bereut haben, denn George Walton Lucas jr., besser bekannt als George Lucas, hatte eine der größten Geschichten aller Zeiten mit der Kraft seiner Gedanken geschaffen: die Geschichte von Luke Skywalker, der sich aufmacht, um gegen das Böse in der Welt oder besser im ganzen Universum zu kämpfen. Die Star-Wars-Saga spielte im Lauf von drei Jahrzehnten viele Milliarden Dollar ein und ich behaupte, dass in Hunderten Millionen Haushalten auf der Welt zumindest ein

Merchandising-Produkt aus dem Star-Wars-Universum herumsteht. Was 1977 in 32 Kinos in den Vereinigten Staaten mit *Krieg der Sterne* begann, hat sich zu einer eigenen Industrie entwickelt – und das alles mit der Kraft einer Aneinanderreihung von Gedanken, aus der sich in George Lucas' Kopf eine Story entwickelt hat.

Gedanken erschaffen Realitäten. Das Faszinierende daran ist, dass wir unsere Gedanken beeinflussen können. Sie glauben mir nicht? Dann stellen Sie sich bitte vor, Sie spielen eine dieser Knobel-Apps: Woran denken Sie, wenn Sie die Frage nach drei deutschen Bundesländern und deren Hauptstädten beantworten sollen? An den neuen Wagen in Ihrer Garage? Oder an die letzte Stromrechnung? Ich schätze, Sie konzentrieren sich in diesem Augenblick auf die Frage, die Sie unbedingt lösen wollen, weil Sie eine Runde weiterkommen möchten, nicht wahr? Und was haben Sie in diesem Moment getan? Sehen Sie!

Wir können unsere Gedanken sehr wohl beeinflussen, es ist für uns nur oft unbequem oder anstrengend oder einfach nur ungewohnt. Was ich damit sagen möchte: Wir denken, wir werden nicht gedacht. Wenn Sie Ihre Gedanken beeinflussen können und Aktionen oder Ideen (oder gar Erfolg) bekanntermaßen aus Gedanken heraus geboren werden – was folgt dann daraus? Genau!

Sie sind der Herr über Ihre Gedanken, also sind Sie auch der Herr über Ihre Zukunft!

Einer der Väter dieser Erkenntnis wurde 1883 geboren. Und wo könnte es anders gewesen sein als im Land der unbegrenzten Möglichkeiten? Unser Mann wuchs in sehr ärmlichen Verhältnissen in Virginia auf und im zarten Alter von 13 Jahren begann er, als Zeitungsreporter zu arbeiten, um ein bescheidenes Leben finanzieren zu können. Ob aus Glück oder durch Zufall sei dahingestellt: Jedenfalls wurde der junge Mann vom damals vermutlich reichsten Mann der Welt, Andrew Carnegie, damit beauftragt, das Erfolgsrezept von sehr reichen, sehr erfolgreichen Menschen herauszufinden. Und so machte sich der junge Mann an die Arbeit und interviewte Henry Ford, Thomas Alva Edison und all die anderen Genies dieser Zeit. Nach zwanzig Jahren legte der Mann schließlich das Ergebnis seiner Arbeit vor: Napoleon Hill hat 1937 vermutlich als Erster in dieser Deutlichkeit aufgezeigt und bewiesen, dass unser persönlicher Erfolg von unserem Mindset anhängt – und zwar vom richtigen Mindset! Sein Buch *Think and grow rich* wurde zu einer Art Blaupause für all die Bücher, die sich damit beschäftigen, wie wir durch die Kraft unserer Gedanken direkten Einfluss auf unser Leben nehmen können.

Ich weiß: Das Netz und die Bücherregale dieser Welt sind voll mit Literatur und Ausführungen zum Thema Gedanken und ich erspare Ihnen jetzt auch, Sie darum zu bitten, *nicht* an einen karierten Elefanten auf einem Drahtseil zu denken. Stattdessen möchte ich Ihnen davon erzählen, wie bei mir der Groschen fiel und wie aus einem meiner Gedanken einmal die größte Modenschau Deutschlands wurde.

Heureka-Momente

Mit dem Tod meines Vaters hatte sich mein Leben komplett verändert. Da waren zum einen dieser unsagbare Schmerz und die Trauer – auf der anderen Seite aber sickerte bei mir im Lauf der Zeit auch die Erkenntnis durch, dass der Druck in gewisser Weise nachgelassen hatte: der Druck, unbedingt erfolgreich sein zu müssen. Der Druck, es meinen Eltern beweisen zu müssen. Bis zum Tod meines Vaters hatte ich in mir diese unstillbare Lust und das Bedürfnis verspürt, mehr zu erreichen, immer mehr. Nach dem Tod meines Vaters habe ich sehr schnell festgestellt, dass das Leben nicht ausschließlich aus Arbeit besteht und dass ich mich auch zurücknehmen kann und dass ich mein Leben sogar genießen darf.

Ich möchte nicht den Eindruck erwecken, als ob ich immer über alle Tiefen meines Lebens erhaben gewesen wäre, im Gegenteil. Es gab Momente in meinem Leben, da habe ich mich fürchterlich verloren gefühlt und es ist mir unheimlich schwergefallen, aufzustehen und weiterzumachen. Und es gab auch diese Momente in meinem Leben, in denen ich in meinem Selbstmitleid förmlich gebadet habe. Aber nach dem Tod meines Vaters habe ich irgendwann eingesehen, dass ich meine Entscheidungen nicht nur allein treffen muss, sondern kann.

Sie werden mich nicht missverstehen, wenn ich Ihnen erzähle, dass ich nach dem Tod meines Vaters neben der tiefen Trauer auch eine gewisse Leichtigkeit gespürt habe. Irgendjemand hat mir einmal erzählt, dass ein Mann erst nach dem Tod seines Vaters erwachsen wird. Vielleicht war das auch bei mir so, ich weiß es nicht. Trotz dieser neuen Leichtigkeit fehlte mir allerdings in dieser Zeit der Trauer und des Umbruchs der Antrieb, zu neuen Ufern zu streben, und so ließ ich mich erst einmal treiben, wie ich es von Zeit zu Zeit auch heute noch mache. Einfach, um zu spüren, wohin die Reise gehen soll. Ich finde, viel zu viele Menschen nehmen sich zu selten die Zeit, aus Situationen herauszutreten, sie von außen zu betrachten und neu zu bewerten. Sie nehmen sich nicht die Zeit, sich auf dem offenen Meer der Gedanken und der Möglichkeiten treiben zu lassen. Dabei warten aber genau dort die Ideen, die uns vielleicht dahin führen, wohin wir gehen sollten. Wir neigen dazu, in Situationen gefangen, andere um Rat zu fragen, anstatt selbst in uns hineinzuspüren. Stattdessen setzen wir zu oft auf die Ratschläge von anderen, wägen diese ab und treffen dann auf der Grundlage der Gedanken anderer unsere Entscheidungen. Vielleicht liegt es daran, dass viele von uns dazu tendieren, die Verantwortung abzugeben? Ich denke, es ist in jedem Fall besser, sich selbst um Rat zu fragen, und vor allem, sich die Zeit zu nehmen, die es braucht, eine Entscheidung zu treffen – und dann sein Ding durchzuziehen. Die Momente, in denen die Unternehmer in meinem Coaching erfolgreich werden, sind fast immer die Momente, in denen sie eine Entscheidung getroffen haben – ihre eigene.

Viele meiner Coaching-Teilnehmer kommen in Phasen ihres Lebens zu mir, in denen sie sich verloren fühlen: verloren in ihrem privaten Umfeld, verloren in ihrem beruflichen Umfeld und verloren in ihrem Unternehmertum. Ihnen fehlt oft jegliche Orientierung, was dazu führt, dass sie sich nicht mehr in der Lage fühlen, ihre eigene Entscheidung zu treffen. Glauben Sie mir: Ich kenne diese Momente nur zu gut. Ich weiß, wie es sich anfühlt, auf dem offenen Meer zu schwimmen und sich allein zu fühlen. Wenn Sie es in diesen Momenten aushalten, sich treiben zu lassen, kann es sein, dass Sie sich Jahre später daran erinnern, dass genau diese Phase in ihrem Leben die Veränderung gebracht hat, die Sie sich erträumt hatten.

Oft, viel zu oft, hatte ich mich bis zum Tod meines Vaters von anderen Menschen in meinen Entscheidungen beeinflussen lassen – und manchmal auch mehr, als es gut für mich war. Wie viel Ärger und Sorgen und vor allem wie viel Traurigkeit hätte ich mir erspart, wenn ich nicht immer alles für andere gemacht, sondern wenn ich viel früher an den Menschen gedacht hätte, der mir letztendlich am nächsten steht. Endlich war die Zeit gekommen, auch einmal an diesen Menschen zu denken: an mich selbst.

Besuch aus dem Jenseits I

Ich hatte Ihnen ja von meinem Großvater erzählt, Sie erinnern sich? Mein Großvater war seiner Zeit immer voraus gewesen und er konnte sich nicht nur für schöne Autos, sondern auch für die neueste Technik begeistern. Ich stelle mir manchmal die Frage, wie mein Großvater sich wohl heute in unserer digitalisierten Zeit verhalten würde, wenn er nicht schon längst tot wäre. Ich kann mir gut vorstellen, dass er mehrere Stunden am Tag mit dem iPad im Internet surfen würde, und vermutlich wäre ich auch über WhatsApp mit ihm in Kontakt. Ganz sicher würde mein Großvater von mir wissen wollen, was ich als Marketing-Experte denn so treibe und worin mein Erfolgsgeheimnis besteht. Was würde ich ihm antworten? Wie würde so ein Gespräch wohl ablaufen?

Also, Markus, dann erzähl mir doch mal von deinen Aktivitäten in diesen sozialen Medien. Was ist es, was du dort anders machst?

Tja, Opa, ich würde sagen, dass ich den Leuten in meinen Workshops beibringe, dass sie den Leuten, denen sie etwas verkaufen möchten, nicht nur eine Geschichte von ihrem Produkt oder ihrer Dienstleistung erzählen sollen, sondern dass sie den Leuten ihre eigene Geschichte erzählen sollen. Und das geht super über die sozialen Medien wie Facebook, Instagram, TikTok und wie sie alle heißen – ich habe dir ja schon ein paar Beispiele gezeigt.

Meinst du so wie in der Fernsehwerbung, Markus?

Nein, eben nicht! Die Werbung im Fernseher konfrontiert die Leute oft lediglich mit ihren eigenen Unzulänglichkeiten. Man hat ihnen gezeigt, was passiert, wenn sie das Produkt nicht kaufen oder haben. Ich empfehle den Leuten über das jeweils passende Medium – ob das jetzt ein Video oder ein Facebook-Post ist – die Idee des Unternehmens zu vermitteln. Das geht viel, viel tiefer als diese aus meiner Sicht veraltete Art der Werbung. Man nennt das *Storydoing*. Es geht darum, nicht nur eine Geschichte zu erzählen – das nennt man *Story-telling* –, sondern die Geschichte vorzuleben. Ich rate meinen Teilnehmern im Coaching zum Beispiel zu erzählen, wie sie zu dem kamen, was sie machen, was sie dafür tun mussten, um so weit zu kommen. In diesen Beiträgen kommen durchaus auch Geschichten vom Scheitern vor und vom Aufraffen. Nichts ist dem Zuschauer oder dem Facebook-User sympathischer als zu sehen, dass derjenige, für dessen Produkte er sich interessiert, ein Mensch aus Fleisch und Blut ist, der auch gescheitert ist – aber der dann weitergemacht hat, erfolgreich wurde und ein richtig cooles Produkt anbietet oder eine wertvolle Dienstleistung. Man kann den Leuten heute nichts mehr vormachen. Jeder kann sich innerhalb von Minuten bis ins kleinste Detail über ein Produkt informieren und Dutzende von Vergleichen anstellen, Rezensionen lesen und dann entscheiden. Ich rate meinen Coaching-Teilnehmern daher, authentisch zu sein, ehrlich und menschlich zu sein und das so gut wie möglich zu zeigen und vorzuleben.

Okay, das verstehe ich, Markus. Eine gute Sache! Aber jetzt musst du mir noch erzählen, was es mit diesen Influenzern oder wie die sich nennen auf sich hat. Was spielen die für eine Rolle bei dir?

Hmm, Opa, da muss ich jetzt ein bisschen ausholen: Ich habe dir ja davon erzählt, dass es auf den unterschiedlichen Plattformen wie Facebook, Instagram und so weiter Menschen gibt, denen man folgen kann. Folgen heißt, man klickt auf einen bestimmten Knopf auf deren Seite und bekommt dann immer eine Nachricht, wenn diese Person etwas Neues veröffentlicht hat. Die Menschen, die folgen, nennt man eben Follower. Das hast du ja sicher schon gehört. Je mehr Follower so eine Social-Media-Persönlichkeit hat, desto interessanter wird sie für Firmen, die Waren oder Dienstleistungen an den Mann oder an die Frau bringen möchten, weil diese Persönlichkeiten ihren Followern gerne Tipps geben, indem sie sich durch gezielt platzierte Werbung zum Beispiel dafür aussprechen, sich eine bestimmte Hautcreme ins Gesicht zu schmieren oder so. Wie diese Clementine damals im Fernsehen, die dieses Waschmittel verwendet hat. War das Ariel?

Ja, ich weiß, was du meinst, Markus. Also war Clementine eine Influenzerin?

Wenn man so will, ja! Man nennt diese Leute allerdings Influencer, ohne z! Das ist, wie könnte es anders sein, Englisch. Es gibt heute Influencer, die verdienen richtig, richtig viel Geld dadurch, dass sie sich von Firmen Produkte zuschicken lassen und diese in einem Video vorstellen. Und wenn ich sage richtig viel Geld, dann spreche ich von richtig viel Geld. Das ist die moderne Form der Werbung. Das Krasse dabei ist, dass es die richtig erfolgreichen Influencer aber schaffen, nicht mit plumper Schleichwerbung aufzufallen. Das läuft eben anders ab als bei einem klassischen Werbespot.

Und was hat das mit dir zu tun, Markus?

Ziemlich viel, würde ich sagen: Ich rate meinen Kunden, sich solche Einflüsterer, also Influencer, zu suchen, die wirklich von ihrem Produkt überzeugt sind und die das dann in den sozialen Medien weitererzählen. Aber lass uns ein andermal weiterreden, Opa. Ich möchte meinen Lesern die Geschichte von Babe Ruth erzählen, bevor ich sie vergesse.

Mindset 11
oder »Es ist schwer, jemanden zu schlagen, der nicht aufgibt.«

Auch wenn Sie genau wie ich mit Sport nicht allzu viel am Hut haben, kennen Sie die New York Yankees. Ich wette mit Ihnen, dass Sie zumindest das Logo dieser Mannschaft schon einmal irgendwo gesehen haben: auf einem T-Shirt oder auf einer Baseballkappe. Es sind die beiden Buchstaben N und Y, übereinander angeordnet oder ineinander verschlungen. Sehen Sie, ich hatte recht.

Es geht also um Sport und um einen zumindest in den Vereinigten Staaten sehr, sehr berühmten Mann, dem man das schöne Zitat in den Mund legt: *»Es ist schwer, jemanden zu schlagen, der nicht aufgibt.«*

George Herman Ruth Junior wurde 1895 in Baltimore / Maryland geboren. Seine Eltern waren von Deutschland aus in die Vereinigten Staaten ausgewandert und betrieben eine einfache Bar irgendwo im Armenviertel von Baltimore. Der kleine George lungerte auf den Straßen herum, prügelte sich ständig mit den Jungs aus der Nachbarschaft. Auch trugen kleinere Diebstähle nicht gerade zu einem guten Ruf bei. In der Schule sah man ihn nur selten und als die Eltern mit dem schwer erziehbaren Jungen nicht mehr klarkamen, schickten sie ihn in ein katholisches Erziehungsheim. Anfangs floh er fast jeden Tag aus dem Heim, rauchte, trank Bier und lehnte sich auf, wo er nur konnte. Ein hoffnungsloser Fall, dessen Karriere als Kleinkrimineller vorprogrammiert zu sein schien.

Aber dann entdeckte er eines Tages etwas, was ihm wirklich Spaß machte: Baseball! Einer der Priester des Internats, Bruder Matthias, erkannte schnell das Talent des kräftigen Jungen mit den langen Armen und in den nächsten Jahren reifte der ungehobelte Kerl zur ersten Ikone überhaupt im amerikanischen Sport heran.

Mit welchen Glaubenssätzen dieser kleine George wohl aufgewachsen sein mag? Ich vermute mal, dass es nicht die positivsten gewesen sein können. Wie aber war es dann möglich, dass aus dem kleinen George dieses Sportidol werden konnte, von dem in den Staaten heute noch massenweise Menschen begeistert sind, obwohl er schon seit fast siebzig Jahren tot ist? Ich gehe jede Wette ein, dass Babe Ruth nicht nur ein Talent für den Sport besaß, sondern auch, dass dieser Priester – ob bewusst oder unbewusst – sehr positiv auf das Mindset von Babe Ruth eingewirkt hat.

ES IST NIE ZU SPÄT, SEIN MINDSET NEU ZU PROGRAMMIEREN.

Sie können es in eine andere Richtung bewegen als die, von der Sie meinen, sie sei die einzig mögliche, weil sie das Schicksal nun mal für Sie vorgesehen zu haben scheint. In der Geschichte der Menschheit ist das millionenfach bewiesen worden.

Die größte Modenschau Deutschlands

Ich wollte Ihnen noch von der größten Modenschau Deutschlands erzählen, die aus einem meiner Gedanken entstand. Lassen Sie mich kurz den Weg dorthin beschreiben. Meine Agentur hatte sich inzwischen richtig gut entwickelt und so kam es, dass ich neben meinem Leben als Gastronom das Marketing für verschiedene Kunden aus den Bereichen Hotellerie, Gastronomie, Fashion, Beauty und E-Commerce übernahm. Nach dem Tod meines Vaters waren allerdings viele private Dinge zu regeln, sodass ich schließlich die Entscheidung traf, mich von meinen Gastronomiebetrieben zu trennen. Zwei Restaurants wurden geschlossen und eines veräußert. So konnte ich meinen Fokus allein auf meine Marketing- und PR-Agentur legen. Die Lust zu organisieren und zu planen blieb allerdings ungebremst und so entstand der Gedanke mit der Modenschau. Die Idee war, junge Designer mit jungen Models zu verbinden und diese Melange direkt an Modebegeisterte weiterzugeben. Von den großen Fashion-Shows hatte ich mir die Inspiration geholt, aber auch meine Fashion-Kunden wollten dorthin, wo die großen Labels sind: in die nationale und internationale Presse.

Ich empfand es schon damals als große Ungerechtigkeit, dass der Weg in die Fashion-Magazine ausschließlich den Labels mit großen Budgets offenstand. Mir war schnell klar, dass die Redakteure der großen Magazine auf einer Modenschau mit lauter Start-ups und Newcomern ohne die großen Labels kaum erscheinen würden. Aus diesem Missstand heraus wurde die *Secret Fashion Show* geboren.

Das Konzept war ziemlich genial und ich bin heute noch stolz darauf: Niemand wusste bis zum Start der Show, welche Designer »laufen« würden – wodurch sich die Modenschau von einem ursprünglich geplanten 100-Personen-Event zu einem Megaevent entwickelte! Zur letzten Veranstaltung kamen über tausend Gäste und auf dem Laufsteg waren zwölf Designer mit mehr als 100 Models vertreten. Aus einer Idee war ein Event der Extraklasse geboren worden – mit einem enormen Mehrwert für alle Beteiligten. Die Branche konnte sich vernetzen, zahlreiche Promis, die Boulevard-Presse und unzählige Pressevertreter waren vor Ort. Und ich hatte schon damals bewiesen, dass ich Marketing ganzheitlich sehe, denn einzelne Strategien, die kurz aufpoppen und dann wieder in der Versenkung verschwinden, waren von Anfang an nicht mein Ding. Als Marketing-Experte erkenne ich den Bedarf, identifiziere das Problem und überlege mir dann eine Lösung. Ich zeige den Weg auf, wie man zur Marke wird – immer auf der Suche nach nachhaltigem Marketing und langjähriger Kundenbindung. Und wenn als Ergebnis die größte Modenschau Deutschlands herauskommt, soll es mir nur recht sein.

Besuch aus dem Jenseits II

Wo waren wir letztes Mal stehengeblieben, Opa?

Du hast mir was von diesen Einflüsterern erzählt. Das habe ich verstanden. Aber das wird doch nicht alles sein, was du deinen Kunden von den sozialen Medien erzählst?

Ja, natürlich ist da noch viel mehr, was ich über die sozialen Medien weiß. Ich habe dazu eine eigene Methodik entwickelt.

Und die wäre?

Nur ein paar Beispiele: Ich rate meinen Kunden davon ab, nur zu werben. Stattdessen sollen sie informieren. Das ist inzwischen eine gängige Methode, um die Leute mit dem eigenen Expertenwissen, das man hat, an sich zu binden und sie davon zu überzeugen, dass man das, was man tut, auch wirklich beherrscht. Aber auch auf den sozialen Medien muss man das zeigen. Und wie könnte man das besser tun als durch Artikel über bestimmte Themen oder mit Videos, in denen man Zusammenhänge erklärt und so weiter. Weißt du, was ich meine, Opa?

Klar, Markus. Das ist ja eine uralte Weisheit, dass man zu demjenigen geht, der sein Handwerk beherrscht, und nicht zum Murkser. Man stelle sich nur einen Maler vor, der sein eigenes Haus seit zehn Jahren nicht mehr geweißelt hat.

Genau! Wenn man als Firmeninhaber sein Produkt im Internet nicht nur zeigt, sondern demonstriert, wie man es nutzt und was es einem bringt, dann ist das etwas anderes. Wichtig ist dabei immer, dass die Geschichte unbedingt glaubhaft, ehrlich und damit authentisch sein muss!

Jetzt bin ich aber auf die nächsten Tipps gespannt, Markus.

Nun ja. Ein weiterer Tipp ist, dass ich meinen Coaching-Teilnehmern rate, ihre Kunden zu unterhalten. Die Leute kaufen nur das, was ihnen einen Vorteil verschafft oder das Leben erleichtert. Die potenziellen Kunden müssen aber erst einmal das Bedürfnis haben – und das weckt man am besten, indem man mit Emotionen arbeitet. Aber ja nicht plump! Denn heute lässt sich kein einziger Internetuser mehr für dumm verkaufen. Verkaufen geht wie schon seit Urzeiten am besten über Emotionen. Das ist im Internet nicht anders als früher, als die Welt noch komplett analog war.

Ich sehe schon, Markus, du beherrschst die Sozialmedien ziemlich gut.

Sozialmedien gefällt mir, Opa. Auch wenn es eigentlich *Social Media* heißt. In diesen Sozialmedien spielt übrigens das Teilen eine ganz wichtige Rolle.

Teilen? Was ist das denn nun wieder?

Teilen heißt, dass ich als Facebook-Nutzer einen Beitrag lese und diesen dann an die Menschen »verteile«, die mit mir verbunden sind. Also ein Beispiel: Ich lese auf den Internetseiten eines Fachmagazins einen Artikel zu einem neuartigen Kleber, der für das Parkettlegen noch viel besser geeignet ist als die konventionellen Kleber, weil er komplett frei von irgendwelchen Chemikalien ist. Diesen Beitrag finde ich so interessant, dass ich ihn in meinem Netzwerk verbreite. Das nennt man Teilen.

Und was soll das bringen?

Der Hintergedanke bei mir ist der, dass die Menschen, mit denen ich verbunden bin, sehen, dass ich hochwertige Inhalte erkennen kann und dass ich diese auch gerne weitergebe. Ich zeige also, dass ich ein Fachmann bin, indem ich tue, was ich tue, weil ich mich damit auskenne. Denk an die Vorträge, Opa, die du in der Innung gehalten hast. Du hast Fachwissen mit anderen Menschen geteilt und so gezeigt, dass du ein absoluter Experte bist, nicht wahr?

Wo du recht hast, da hast du recht, Markus. Faszinierend, diese neue Welt.

Auf jeden Fall, Opa. Besonders bei der Vielfalt, die da draußen im Netz herrscht. Da kann man schon mal den Überblick verlieren. Daher gibt es Menschen wie mich: die einem den Weg durch den Dschungel der sozialen Medien zeigen. Wie soll man schließlich erkennen, welches Medium, welcher Kanal, welches Netzwerk das Beste für das eigene Produkt ist? Dazu ist es sehr wichtig, dass man die verschiedenen Netzwerke sehr genau kennt. Daher rate ich meinen Kunden auch zum sogenannten Multichanneling.

O Mann, Markus, geht das nicht auch unenglisch?

Ja, klar! Die Leute sollten sich nicht nur auf einen Kanal, also Channel, festlegen, sondern auf möglichst vielen »Sendern« ihre Botschaften absetzen. Der Sender muss aber zum Produkt und zur Dienstleistung passen. Platt gesagt, wird es kaum etwas bringen, wenn ich auf TikTok mit einer Haftcreme für dritte Zähne werbe – wobei … Wenn man es cool macht, warum eigentlich nicht? Man sollte auf jeden Fall dort vertreten sein, wo die eigene Zielgruppe zu finden ist.

Ja, das verstehe ich, Markus. Das ist ja sogar in der Fernsehwerbung so: Im Vorabendprogramm, wo hauptsächlich die alten Leute vor dem Fernseher hocken, wird fast nur für Medizinprodukte, Apotheken-Umschau und solche Sachen geworben. Und in den Kinderkanälen dann eben für LEGO. Logisch, dass das im Internet auch so ähnlich funktioniert.

Genau, Opa. Das ist das Coole an dir: dass du wie kaum einer in deinem Alter für diese Dinge offen bist. Aber jetzt muss ich meinen Lesern noch etwas ganz Wichtiges sagen …

Mindset 12
oder noch ein paar Basics

Nun hätte ich fast vergessen, Sie darauf hinzuweisen, dass Ihnen all diese klugen Ratschläge und Tipps auf Ihrem Weg zu mehr Erfolg und zu einem zufriedeneren, vielleicht sogar glücklichen Leben nichts, aber auch gar nichts nützen, wenn Sie eine Grundvoraussetzung nicht erfüllen: Sie müssen innerlich bereit sein. Sie müssen daran glauben, dass die Methode funktioniert. Ich weiß, dass Sie sich das vielleicht schon gedacht haben, weil es eigentlich eine Selbstverständlichkeit ist. Napoleon Hill sagte, dass die Erfolgsformel aus zwei Hälften besteht. Und die erste Hälfte der Erfolgsformel ist der Glaube daran, dass die Formel funktioniert. Die Formel hängt auch nicht gezwungenermaßen von Ihrer Schulbildung ab, wie man am Beispiel von Thomas Alva Edison sieht (der Mann mit der Glühbirne, Sie wissen schon): Edison war geradezu besessen davon, die Formel zu beweisen, und dabei hat er nur wenige Monate in der Schule verbracht. Seine Schule war das Leben. Okay, okay: Das ist gefühlt tausend Jahre her, Sie haben recht. Kein Mensch hat heute noch eine Glühbirne an der Decke hängen. Aber trotzdem gibt es diese Geschichten von jungen Menschen mit genialen Ideen heute noch. Und all diese Menschen, die wunderbare, erstaunliche Geschichten geliefert haben und immer noch liefern, müssen eine große Gemeinsamkeit gehabt haben: Alle haben sie, ob bewusst oder unbewusst, daran geglaubt, dass ihre Idee funktioniert. Sie haben einen Gedanken zum Leben erweckt und sind durch ihre unerschütterliche Entschlossenheit dorthin gekommen, wo viele von uns so gerne wären. Sie haben damit Widerstände besiegt und sich Lebensträume erfüllt. Und womit? Mit dem richtigen Mindset, also mit dem Glauben daran, dass es funktioniert. Und vor allem mit … Durchhaltevermögen. Sie müssen dranbleiben, Sie müssen Entscheidungen treffen (und dazu stehen) und bis zur Verwirklichung Ihres Traums mit unermüdlicher Entschlossenheit durchhalten.

Ein weiterer sehr wichtiger Punkt ist Ihr Fachwissen. Sie müssen in dem, was Sie tun, richtig, richtig gut sein und für Ihr Thema brennen. Das hört sich selbstverständlich an, für einige Unternehmer, die ich kennengelernt habe, scheint das aber eben nicht der Fall zu sein. Ich lese seit vielen Jahren sämtliche Bücher über Marketing, die ich in die Finger bekomme, und analysiere sie kritisch. Ich kann behaupten, dass ich mich Tausende von Stunden mit Marketing beschäftigt habe und es täglich weiter tue, indem ich Podcasts höre, mir Videos und Vorträge ansehe oder selbst Workshops veranstalte, Podcasts veröffentliche und so mein Fachwissen weitergebe. Ich habe in den Anfangszeiten von Social Media getestet, was funktioniert und was nicht, habe mich ausprobiert, bin auf die Nase gefallen und habe aber eben auch Erfolge gefeiert. Es ist im Prinzip sehr einfach: Wenn Sie sich viele, viele Stunden, Monate, Jahre mit einer Sache befassen, werden Sie zwangsläufig ein Experte in dieser Sache – und damit erschaffen Sie auch eine Realität. Und wenn Ihre Expertise dann auch noch auf dieses unstillbare Verlangen in Ihnen trifft, dass Sie Ihr Ziel erreichen möchten, was immer auch kommt, dann werden Sie es auch schaffen.

Auf Ihrem Weg zum Erfolg ist es sicher auch sehr hilfreich, wenn Sie sich mit intelligenten, fantasievollen Menschen umgeben, die Sie auf Ihrem Weg weiterbringen. Natürlich müssen Sie nicht alles wissen und können – Sie sollten aber auf jeden Fall wissen, wo Sie nachschauen oder wen Sie fragen können, wenn Sie auf einen Punkt stoßen, der zum Erreichen Ihres Ziels entscheidend ist. Verzetteln Sie sich nicht mit Dingen, die Sie vom Wesentlichen abbringen, sondern konzentrieren Sie sich auf Ihr Fachgebiet. Lassen Sie sich durch Rückschläge nicht von Ihrem Weg abbringen. Ein scheinbarer Misserfolg allein bedeutet noch lange keine Niederlage. Zum einen weiß man nie, was einen dieser Misserfolg lehren möchte, und zum anderen müssen Sie sich auch immer vor Augen führen, dass Sie nicht unfehlbar sind. Also: Vergessen Sie nie, dass Sie erst endgültig geschlagen sind, wenn Sie sich geschlagen geben. Stehen Sie auf, richten Sie Ihre Krone zurecht, wischen Sie sich meinetwegen den Mund ab und dann machen Sie weiter! Immer weiter!

Das nie geführte Gespräch

Ich glaube schon, dass mich mein Vater verstanden hat, als ich an seinem Sterbebett saß und keinen Ton herausbrachte. Es gibt Momente im Leben, da sagen auch nicht gesagte Worte unendlich viel. An jenem Tag, als ich meinen Vater zum letzten Mal lebend sah, war einer dieser Momente.

Ich glaube, dass mein Vater trotz allem und auf seine eigene Weise stolz auf mich gewesen ist. Auch über das, was ich *nicht* getan habe, und trotz der *nicht* erfüllten Erwartungen. Sonst hätte er mich wohl kaum so unterstützt, wie er es zeit seines Lebens getan hat. In all meinen Projekten und mit seiner unnachahmlichen Art, zu der man heute Hands-on-Mentalität sagen würde: die Ärmel hochgekrempelt und los. Mein Vater hat für meine Projekte kein Risiko gescheut und ohne ihn als Bürgen eines Bankdarlehens in Höhe von einer halben Million Euro wäre mein erstes Restaurant in München natürlich nicht zu realisieren gewesen. Ich bin mir sicher, dass mein Vater immer an mich geglaubt hat, auch wenn er es nie ausgesprochen hat. Heute kann ich gar nicht oft genug betonen, wie dankbar ich für sein Vertrauen und seine Unterstützung bin, die er mir im Stillen immer hat zukommen lassen. Ich gebe aber zu, dass es mir schon sehr gutgetan hätte, wenn ich diese Worte aus seinem Mund wenigstens einmal hätte vernehmen dürfen. Vermutlich war es genau diese Anerkennung, für die ich mich all die Jahre ins Zeug gelegt hatte.

Ich habe keine Ahnung, wo mein Vater heute ist, aber für mich scheint es schon eher wahrscheinlich, dass nach dem Tod noch irgendetwas kommen wird, was auch immer das sein mag. Ich bezeichne mich nicht als gläubig im eigentlichen Sinne, aber für mich ist es trotzdem sehr wahrscheinlich, dass es irgendwo noch etwas gibt, was ich aber nicht als Gottheit bezeichne – und weil ich es nicht benennen kann, lasse ich das Thema einfach offen im Raum stehen. Selbstverständlich denke ich oft an meine Eltern, auch wenn ich als rationalistisch denkender und handelnder Mensch nicht behaupten kann, noch mit ihnen in Verbindung zu stehen. Trotzdem schwingt in meinen Gedanken, Worten und Taten immer auch ein gewisser Teil meiner Eltern mit – dazu muss man weder Esoteriker noch ein gläubiger Christ sein.

Besuch aus dem Jenseits III

Als mein Opa damals völlig überraschend von uns gegangen ist, war Mark Zuckerberg 12 Jahre alt. Etwa acht Jahre danach gründete er an der Harvard University »The Facebook«. Wir wissen alle, was daraus geworden ist. Etwa elf Jahre nach dem Tod meines Großvaters im Januar 2007 stand mein großes Vorbild Steve Jobs auf der Bühne und präsentierte in einem megageilen Vortrag ein kleines Gerät, das heute jeder und immer in Reichweite hat. Ich bin mir absolut sicher, dass mein Großvater einer der ersten Rentner gewesen wäre, der mit Begeisterung ein Smartphone genutzt hätte – aber sehen Sie selbst:

Du wolltest mir doch noch mehr von deinen Methoden erzählen, wie du deinen Kunden zu mehr Umsatz und Wachstum verhilfst, Markus.

Ja, Opa. Ich glaube, wir waren bei meiner Methodik stehen geblieben. Ich hatte dir davon erzählt, dass es ganz wichtig ist, die verschiedenen Kanäle genau auf seine Zielgruppe zugeschnitten zu nutzen. Was auch elementar ist, ist der Einsatz von verschiedenen Medien, also ein Mix aus Videos, Bildern, Musik und Audiodateien, das sind Sprachnachrichten. Ich nutze dafür neuerdings meinen Podcast »Kein Erfolg ist eine Absicht« und habe mich total über die Resonanzen gefreut. Ich bin auch ein großer Fan von Videos. Man hat herausgefunden, dass Videos ungefähr doppelt so lange in Erinnerung bleiben wie Texte. Trotzdem muss man berücksichtigen, dass Geschmäcker unterschiedlich sind. Es gibt sicher noch immer genügend Internetuser, die lieber lesen, als sich Videos reinzuziehen. Daher ist der Mix eben so entscheidend.

Ja, und wer macht dir dann das ganze Zeugs? Videos, Sprachdateien, Texte?

Dazu habe ich mir im Lauf meiner Karriere ein riesiges Netzwerk aufgebaut, Opa. In diesem Netzwerk sind Leute, die in dem, was sie tun, absolut spitze sind. Natürlich muss man nicht alles können –

man muss nur wissen, wohin man geht, wenn man ein Problem oder eine Aufgabe zu lösen hat. Das brauche ich dir als erfahrenem Unternehmer ja kaum zu erzählen, oder?

Klar, Markus. Das war schon immer so. Aber erzähl doch weiter: Ich bin beeindruckt, was du dir für ein riesiges Wissen angeeignet hast!

Was im Dschungel der sozialen Medien auch ganz, ganz wichtig ist: Kühlen Kopf bewahren! Du glaubst ja nicht, was auf den Kommentarseiten von Facebook & Co. manchmal für Stürme abgehen!

Stürme? Wie meinst du denn das?

Ich meine, dass jeder Nutzer, der einen Beitrag liest, diesen auch kommentieren kann. Du hast in den Nachrichten sicher schon mal das Wort Shitstorm gehört, oder?

Ja, habe ich. Das ist doch, wenn man die Politiker im Internet durch den Fleischwolf dreht, oder?

Nicht nur Politiker, Opa. Es ist nicht zu glauben, welche Idioten im Internet unterwegs sind, die meinen, dass sie anonym ihren Stuss loswerden können, weil ihnen irgendetwas nicht gepasst hat, was man veröffentlicht hat. Besonders für Unternehmer ist es maßgebend, sich auf keine negativen Duelle auf diesen Kommentarseiten einzulassen. Es kann dem Ruf extrem schaden! Daher rate ich meinen Kunden immer: Ruhe bewahren, auf den Kunden eingehen, erklären, wenn etwas schiefgelaufen ist, immer wohlwollend schreiben und so weiter. Wenn man sich für den Weg des Social-Media-Marketing entschieden hat, dann muss man ihn nämlich auch mit allen Konsequenzen gehen. Und dazu gehört auch ein gutes Beschwerdemanagement. Ruhe und Deeskalation kann für einen Unternehmer im Internet sehr, sehr entscheidend sein.

Woher weißt du das eigentlich alles, Markus?

Ich behaupte, ich habe in den letzten fünfzehn Jahren kaum eine wichtige Publikation zum Thema Marketing und vor allem Social Media *nicht* gelesen. Ich beschäftige mich mit diesen Themen seit vielen, vielen Jahren und habe alles auch selbst zigfach ausprobiert, getestet, selbst gemacht. Ich kann von mir behaupten, dass ich den Weg durch den Dschungel sehr genau kenne. Den Ruf als Marketing-Experte bekommt man nicht einfach über Nacht und die ganzen Auszeichnungen und Zertifikate auch nicht. Da steckt sehr, sehr viel Arbeit dahinter. Wie halt bei dir als Unternehmer auch.

Tja, Markus, das war zu allen Zeiten schon so. Was bei uns in den guten alten Zeiten ohne Internet und Konsorten auch immer eine ganz wichtige Rolle gespielt hat, ist Vertrauen. Wie stehst du denn zu diesem Thema, wenn du an die Sozialmedien denkst?

Gut, dass du es ansprichst, Opa. Ja, Vertrauen ist natürlich auch und vor allem in den sozialen Netzwerken eine ganz wichtige Sache. Und sicherlich nicht nur Vertrauen, sondern auch Benehmen.

Das finde ich erstaunlich, Markus. Dass du von so scheinbar altherkömmlichen Dingen sprichst, wenn du deine Unternehmer berätst.

Na ja, Opa, ich hatte ja mit dir und Mama und Papa auch die perfekten Vorbilder, gell? Ja, Benehmen ist echt sehr wichtig, vor allem in den sozialen Medien. Ich rate meinen Kunden immer, ganz einfach eigentlich, die Kunden immer so zu behandeln, wie sie selbst behandelt werden wollen.

Die Goldene Regel, Markus!

Ja, die Goldene Regel. Wem sage ich das? Und dann gewiss noch das Thema Wissen. Das Medium Internet wächst mit jedem Tag, und auch wenn es so scheint, als ob die sozialen Medien sich seit Jahren nicht verändert haben, tun sie es doch. Schleichend, aber merklich. Für uns Experten jedenfalls. Diese Veränderungen muss man nicht nur wahrnehmen, man muss darauf reagieren. Es geht hier um Trends, die man nicht verpassen sollte, und am besten ist es sicherlich, wenn man seiner Zeit voraus ist und am besten schon am Ziel ist, wenn die anderen erst loslaufen. Weißt du, was ich meine, Opa?

Ich kann es mir zumindest vorstellen, Markus. Hast du vielleicht ein Beispiel dafür?

Sogenannte Erklärvideos sind ein Beispiel dafür. Es gibt heute kaum mehr ein Unternehmen, das erklärungsbedürftige Produkte anbietet und kein Erklärvideo dazu ins Netz stellt. Ob das auf Facebook passiert oder auf dem Youtube-Kanal, ist erst einmal zweitrangig. Es gibt inzwischen massenweise Experten, die superschöne Erklärvideos mit Trickfiguren und Texten produzieren. Ich kann nicht genau sagen, wann diese Art von Marketing anfing, ich weiß nur, dass die Firmen, die das als Erstes erkannt haben, damals schon einen Vorsprung hatten. Aber sorry, Opa. Ich muss mich jetzt wieder meinen Lesern zuwenden. Ich komm' bald wieder vorbei, dann können wir gerne weiter plaudern.

Alles klar, Markus. Ich halte dich nicht länger auf. Wollte sowieso gerade deine neuesten Facebook-Posts anschauen …

Mindset 13
oder warum Nietzsche noch nicht
Resilienz zu dem sagte, was er meinte

Sie kennen bestimmt Leute, die scheinbar nichts aus der Bahn werfen kann. Denen krasse Dinge passieren, über die so manch einer verrückt werden würde, und die trotzdem weitermachen – und scheinbar daran sogar noch wachsen. Der eine hat eine starke, der andere eine eher unterentwickelte davon: Ich meine die seelische Widerstandskraft oder Resilienz. Die neueste Forschung geht davon aus: Wir alle haben diese Widerstandskraft zu Beginn unseres Lebens erst einmal noch nicht. Vielmehr entwickelt sie sich im Laufe des Lebens. Unbewusst zweifellos, wie so vieles im Leben unbewusst passiert. Ich finde es erstaunlich, dass sich die Forschung erst seit einem relativ kurzen Zeitraum so richtig mit diesem Thema beschäftigt – oder hatte man dafür früher einfach nur andere Begriffe?

Einerlei! Jedenfalls hat schon Nietzsche 1889 in seinem Spätwerk *Götzen-Dämmerung – wie man mit dem Hammer philosophiert* behauptet: Was uns nicht umbringt, macht uns härter.

Die Parole wird nicht nur in den Bars und Kneipen dieser Welt um fünf Uhr morgens beim siebzehnten Whiskey zitiert – sie drückt auch das aus, was die meisten von uns empfinden: Wie schaffe ich es, aus einer Niederlage oder einem Rückschlag gestärkt hervorzugehen, daraus zu lernen und hinterher sogar klüger zu sein als vorher?

Grundsätzlich beruht die seelische Widerstandskraft nachvollziehbarerweise auf guten, funktionierenden Beziehungen und es liegt in der Natur der Dinge, dass die ersten Beziehungen im besten Fall die zu unseren Eltern und Großeltern sind. Grundsätzlich können das aber auch andere wichtige Beziehungen zu Freunden, Bekannten und Verwandten sein. Hauptsache, die Beziehungen sind sicher und stabil, geben uns Halt, lassen uns wachsen. Wichtige Faktoren beim Aufbau unserer seelischen Widerstandskraft sind vor allem aber auch soziale Kompetenzen, die wir uns von unseren Vorbildern abschauen: Wie gehen wir mit unseren Mitmenschen um? Und zu wem gehen wir, wenn wir Hilfe brauchen?

Darüber hinaus ist es wichtig, dass wir lernen, uns selbst zu beruhigen, damit wir in Krisensituationen nicht den Kopf verlieren und in Panik herumlaufen wie ein ausgehungerter Tiger im Käfig. Wir müssen gelernt haben, uns selbst irgendwie in der Mitte zu halten – von wem auch immer. Außerdem ist es entscheidend für unsere seelische Widerstandskraft, dass wir gelernt haben, Probleme angemessen zu lösen. Auch hier gilt wieder das Gesetz der Vorbilder. Von wem lernen wir denn Probleme zu lösen? Und wann? Sie kennen die Antwort natürlich selbst.

Was ich mit alldem sagen möchte, ist, dass jeder von uns eine unterschiedlich große Widerstandskraft mitbringt, die es zu berücksichtigen gilt, wenn ich scheinbar leichtfertig von Dingen spreche wie »*aufstehen, Krone zurechtrücken, weiterlaufen*«. Mir ist sehr bewusst, dass es Menschen gibt, denen das Leben übel mitgespielt hat und die nicht ganz so schnell wieder auf den Beinen stehen, nachdem sie hingefallen sind. Wir verfügen leider nicht alle über die gleichen Voraussetzungen, was die Resilienz anbelangt. Die gute Nachricht aber ist, dass es nie zu spät ist und man an seiner seelischen Widerstandsfähigkeit auch später noch sehr wohl arbeiten kann.

Die aktuelle Forschung ist sich darüber im Klaren, dass sich persönliche Ziele und ein roter Faden im Leben sehr positiv auf das seelische Wohlbefinden auswirken. Man ist einfach zufriedener, wenn man weiß, wohin man gehen möchte und was man erreichen will. Und was in diesem Zusammenhang auch zu beachten ist: Wir müssen in der Lage sein, unsere Ziele immer wieder den Umständen anzupassen. Es nützt nichts, eine Sackgasse bis zum Ende zu gehen, bis wir vor der Wand stehen, wenn wir diese Sackgasse schon auf halbem Weg als solche erkannt haben.

Ich finde es beruhigend, dass wir auch noch im Erwachsenenalter an unserer seelischen Widerstandskraft arbeiten können. Beziehungen, sei es im privaten Umfeld oder zu einem Personal Coach, sind hier wesentliche Faktoren. Wir können an anderen Menschen wachsen – aber auch an uns selbst.

Und noch so ein Gedanke, der eine Realität erschuf: Monaco de Luxe

Die Ursprünge von *Monaco de Luxe* gehen natürlich wieder auf eine Idee zurück. Und wie so viele Ideen hatte auch die von *Monaco de Luxe* ihren Ursprung in einem Problem – oder besser gesagt in einer Herausforderung: Zu den Anfangszeiten meiner Mplus Agentur traten immer häufiger Kunden mit der Bitte an mich heran, ich sollte doch auch die Pressearbeit für sie erledigen. Die Herausforderung war damals, wie wir als noch kleine Agentur Pressemitteilungen veröffentlichen konnten, die nicht über die großen Kanäle als Agentur-News laufen würden – dazu waren wir einfach noch zu unbekannt. Aus dieser Fragestellung heraus wurde die Idee geboren, ein eigenes Magazin ins Leben zu rufen, das ich *Magazin 4* nannte. Die *4* stand für die vier Themen: Eat, Drink, Talk und Relax. Im eigenen Magazin konnten wir die News unserer Kunden professionell aufbereitet lancieren. Etwa vier Jahre danach entstand aus dieser Ursprungsidee heraus das Lifestyle-Magazin *Monaco de Luxe* mit den Themen Boulevard, Promi-Talk und Reisen. Ich erinnere mich noch wie heute an den Moment, in dem ich auf den Namen kam: »Monaco« stand für München, inspiriert vom großartigen Helmut Fischer, besser bekannt als *Monaco Franze*. »de Luxe« stand in meinen Augen für den kleinen Luxus im Leben, der selbiges versüßt: von Zeit zu Zeit ein toller Restaurantbesuch oder die Reise, die man nicht alle Tage macht. Das war *Monaco de Luxe* für mich: Lifestyle und die pure Freude am Leben.

Monaco de Luxe wurde damals in und um München schnell bekannt und so flatterten Einladungen zu den spannendsten Events oder zu Restauranteröffnungen ins Haus, von denen ich dann berichten konnte. Es dauerte nicht lange, bis wir mit *Monaco de Luxe* als Presseorgan nicht nur wahrgenommen, sondern auch akzeptiert wurden. Ich habe das Branding damals bewusst anders angesetzt und den Schwerpunkt deutlich auf Richtung Magazin gelegt. Dazu gehörten von Anfang an die Berichterstattung über Videos und der eigene YouTube-Kanal – und das alles zu einer Zeit, als YouTube gerade in Berlin seine Studios eröffnet hatte. Das Thema Monetarisierung von Videos war gerade im Entstehen und das, was man heute in Form des klassischen Youtubers als Massenphänomen kennt, gab es damals in der Form und Breite noch nicht ansatzweise. Auf meinen Streifzügen in der Szene sah ich, wie andere Redakteure ihre hochprofessionellen Videos machten. Mir wurde klar, dass ich mit meinen Handyvideos nicht mehr landen konnte. So wurden wir mit *Monaco de Luxe* sehr schnell professioneller und dadurch fast automatisch bekannter. Ganz schnell kamen die ersten *Red-Carpet-Events* dazu. Die Veröffentlichung von Interviews mit Promis, Veranstaltern und Eigentümern auf dem roten Teppich ließen sowohl die Zugriffszahlen unseres Magazins als auch unseren Bekanntheitsgrad in die Höhe schießen. *Monaco de Luxe* wurde sehr schnell größer und bunter und – als wir das Thema Reisen mit ins Magazin aufnahmen – internationaler. Das war dann auch die Zeit meiner ersten Hotelvideos mit dem immer gleichen Drehbuch: rein ins Hotel, Room-Tour, kurzes Feedback. PR-Agenturen von Hotels wurden rasch auf uns aufmerksam und überhäuften uns mit Anfragen und so durfte ich schon bald aus den angesagtesten Häusern des Kontinents berichten – was für eine geile Zeit!

Zum reinen Online-Magazin gesellte sich bald auch die Print-Ausgabe von *Monaco de Luxe*, was zur Folge hatte, dass ich als Inhaber und Chefredakteur noch mehr in der Welt herumkam. Meine Lifestyle- und Wellness-Kolumnen zogen die Aufmerksamkeit von Reisemagazinen auf sich und irgendwann bekam ich im *LEO-Magazin* meine eigene Kolumne. Themenbezogene Berichte wie »Die fünf schönsten Wellness-Tipps für Verliebte« in Tageszeitungen und Monatsmagazinen folgten, und irgendwann klopfte sogar *Radio Arabella* bei mir an. Auf dem Höhepunkt meiner Bekanntheit und Umtriebigkeit war ich schließlich einmal im Monat bei *Radio Arabella* mit dem »Lifestyle-Tipp des Monats« *on air*: im Radio, als Video-Podcast und auch als Text auf den Webseiten von *Radio Arabella*. Wie es sich leicht denken lässt, war das für mich eine supercoole Geschichte, die mir extrem Spaß gemacht hat. Meine Reichweite wurde immer größer und die Bekanntschaften zu Promis aus der Szene wuchsen von Woche zu Woche. Eine Einladung und ein Event jagte das nächste. Irgendwann lief ich dann selbst über einen roten Teppich und musste aufpassen, die Bodenhaftung nicht zu verlieren. Denn wenn man für ein Foto neben dem großen Arnold Schwarzenegger steht, kann einem schon leicht schummerig werden.

Besuch aus dem Jenseits IV

Hallo, Opa. Und, wie bist du vorangekommen mit deinen Facebook-Studien?

Ganz gut, Markus. Ich muss schon sagen, man könnte Tage dadrinnen verbringen in diesen Sozialmedien.

Das ist eben auch die Gefahr, vor der ich meine Kunden auch immer warne: Es ist enorm wichtig, sich nicht im Netz zu verzetteln und unnötig Zeit zu verbraten. Struktur und Disziplin sind essenziell. Und der Auftritt nach außen gleichermaßen. Besonders auf Facebook sollte der Unternehmensauftritt perfekt sein. Das beginnt schon bei den Fotos. Selbst geknipste Handyfotos sollte man vermeiden, wenn man einen seriösen Auftritt im Internet hinlegen möchte. Da lohnt es sich allemal, einen professionellen Fotografen mit an Bord zu holen. Das Gleiche gilt für die Inhalte. Lieber einen professionellen Texter damit beauftragen, wenn man selbst nicht so ambitioniert ist im Schreiben. Es lohnt sich auf jeden Fall. Und ganz entscheidend ist es, sich genügend Zeit zu nehmen für seinen Auftritt im Netz. Schließlich gilt auch hier: Es gibt keine zweite Chance für den ersten Eindruck!

Kluge Worte, Markus. Und dieses geballte Wissen bekommen deine Kunden von dir, wenn du sie berätst?

Ja, dieses geballte Wissen habe ich auch in meine Workshops gepackt. Ich halte auch Vorträge zu diesen Themen und ich habe inzwischen mehrere Bücher veröffentlicht. Wie du weißt, bin ich nicht als Marketing-Experte zur Welt gekommen.

Was ich dich noch fragen wollte, Markus: Ich höre immer in den Nachrichten, der und der hat etwas auf Instagramm gepostet. Instagramm ist doch das mit den Bildern, oder?

Instagram heißt das, Opa. Das hat nichts mit Gramm zu tun. Instagram ist eine andere Plattform, auf der es vorwiegend um das Medium Bilder geht. Es gibt bei Instagram inzwischen massenweise Leute, die gut und sogar sehr gut davon leben, einfach nur täglich Bilder von sich zu posten und eine kurze Story dazu zu veröffentlichen. Für meine Geschäftskunden kann ich nur sagen: Man braucht eine sehr gute Strategie und garantiert einen ganz, ganz langen Atem, um als Business-Kunde über Instagram langfristig Erfolge zu generieren. Von heute auf morgen kann keiner 10.000 Follower und mehr erreichen; da gehört schon viel Zeit und Disziplin dazu. Ich habe nicht umsonst diesem Thema in meinem letzten Buch *Schluss mit den Ratespielchen* ein langes Kapitel gewidmet. Instagram ist eine ganz eigene Welt und ich könnte dir Tage davon erzählen, Opa.

Und wer bitte schön soll da noch den Durchblick behalten, Markus? Wie soll sich ein Handwerksmeister in diesem Dschungel zurechtfinden? Der muss sich doch auf seine Kunden konzentrieren und kann nicht Tage im Internet surfen?

Entscheidend ist für den Unternehmer immer ein Plan. Das ist doch mit allem so. Um in den sozialen Medien nicht komplett den Überblick und die Lust zu verlieren, ist ein Redaktionsplan das absolut Entscheidende. Ich gebe meinen Kunden und Kursteilnehmern immer auch das Know-how mit auf den Weg, wie sie einen sinnvollen und erfolgreichen Redaktionsplan für die einzelnen Kanäle erstellen und wie sie diesen dann auch in die Tat umsetzen.

Ja, ich verstehe, Markus. Aber jetzt noch eine letzte Frage, die mir schon lange im Kopf herumschwirrt: Du hast mir ja schon einmal etwas von diesem Videokanal erzählt. Jiutiub. Ich war in den letzten Tagen lange unterwegs und ich bin total erschlagen von diesem irrsinnigen Angebot. Wie soll sich denn ein Unternehmer hier zurechtfinden und darüber hinaus: Wie soll denn irgendjemand ausgerechnet das Video einer Schreinerei aus Regensburg finden und dann auf den Gedanken kommen, ausgerechnet uns mit den Parkettlegearbeiten zu beauftragen?

Ja, Opa, da hast du recht: YouTube hat sich genau wie Facebook zu einem eigenen Kosmos entwickelt. Ich weiß nicht, wie viele Videos man dort aktuell zur Verfügung hat. Es dürften unfassbar viele sein. Ich bräuchte nur nachsehen, aber das ist jetzt nicht das Entscheidende. Entscheidend ist deine Frage: Wie überall braucht der Unternehmer erst einmal eine Strategie für YouTube. Was möchte er mit seinen Videos bezwecken und wen möchte er damit erreichen? Ohne einen exakt ausgearbeiteten Plan wird es nicht funktionieren, so weit, so klar. Dann ist es unerlässlich zu erkennen, dass man das Rad nicht unbedingt neu erfinden muss. Man kann sich Inspirationen von Leuten holen, die etwas bereits gut umgesetzt haben, ohne abzukupfern. Ganz entscheidend ist es auch hier, wie allgemein im Marketing: Man muss seine eigenen Stärken kennen und am besten muss man das, was man besser kann als alle anderen, hervorheben. Im Marketing heißt das USP.

Du immer mit deinen englischen Wörtern. Was soll das denn sein? Juesspie?

Unique Selling Proposition oder Alleinstellungsmerkmal. Einfach gesagt: Was kann ich, was andere nicht können? Oder was kann ich besser als andere? Wenn ich mein Alleinstellungsmerkmal nicht kenne, wird es schwierig. Wenn ich es aber kenne, dann kann ich es auch im Internet transportieren und daraus meinen Mehrwert generieren. Ich kann nicht nur, ich muss es sogar, weil ich nur so die Chance habe, an die Kunden zu kommen, die ich mir wünsche. Diesen USP kann ich mit einem Video ganz wunderbar transportieren, also meinen Zuschauern näherbringen, erklären. Ich muss mich als Experte präsentieren und am besten ist es, wenn ich die Botschaft rüberbringe, dass ich der Beste bin, den der Kunde für das und das haben kann. Nur so kann ich ein Bedürfnis wecken und genau darum geht es! Denk an Apple.

Aha, spannend! Äppl? Was meinst du damit?

Ich meine, dass es Steve Jobs schon vor sechzehn Jahren megageil gelungen ist, den Leuten da draußen klarzumachen, dass es nichts Cooleres gibt, als ein iPhone in Händen zu halten. Ist dir das jetzt zu abstrakt, Opa, oder weißt du, was ich meine?

Nein, nein, Markus. Ich weiß sehr gut, was du meinst. Was glaubst du, warum für mich nur ein Eifon infrage gekommen ist? Ha!

Mindset 14
oder Anfangen und Durchhalten –
oder doch wieder Aufhören?

Um im Geschäftsleben nachhaltig erfolgreich zu sein, reicht es aus, immer positiv zu denken. Oder etwa nicht? Wie verhalten wir uns im Alltag und in Extremsituationen? Haben wir einen langen Atem oder brechen wir auf halber Strecke zusammen? Solche und ähnliche Fragen werfen Leute auf, die uns zeigen können, wie wir über glühende Kohlen spazieren, ohne uns die Fußsohlen zu verkohlen. Ich meine die Leute, die Sportler dazu bringen, auf den letzten Metern mehr aus sich herauszuholen als die Konkurrenz und so Gold anstatt der goldenen Ananas zu gewinnen. Mentaltrainer sind aus bestimmten Bereichen unserer Gesellschaft nicht mehr wegzudenken. Sie arbeiten so gut wie immer im Hintergrund, aber oft sehr erfolgreich. Sie können davon ausgehen, dass jeder Spitzensportler und garantiert viele Topmanager sich von einem Mentaltrainer Rat und Unterstützung suchen. Sie sind die Magier im Hintergrund, die sich über die Welle der Leute hinweggesetzt haben, die davon ausgegangen sind, dass positives Denken allein schon der Schlüssel zum Erfolg ist, und die sich mit Affirmationen und sinnvollen, meist aus der Philosophie kommenden Sprüchen über Wasser hielten. Leider mussten aber viele von uns feststellen, dass es nicht ausreichend ist, sich jeden Tag im Spiegel vorzusagen, wie toll man ist und was man alles erreichen wird. Wir mussten erkennen, dass das Leben eben doch kein stetiger Weg in eine Richtung nach oben ist, sondern dass wir zwischendurch auch wieder ins Tal zurückmüssen, um an die nächste Steigung zu kommen. Nur positives Denken allein setzt uns unter Druck, finde ich. Es ist unrealistisch und kann sich im Alltag nicht bewähren. Das Leben beweist uns oft das Gegenteil. Das Leben besteht aus einer Welle aus Erfolgen und Misserfolgen, aus Aufwärts- und Abwärtsbewegungen, aus Rückschlägen und Medaillengewinnen. An einem Tag bekommen wir eine megagute Bewertung bei Google von einem zufriedenen Kunden und am nächsten Tag flattert ein Bescheid vom Finanzamt ins Haus. So ist das Leben.

Mentaltrainer wissen das und die guten davon sagen uns auch, dass es nicht reicht, einen Boxsack zu malträtieren, damit sich der Bescheid vom Finanzamt in Luft auflöst. Im besten Fall helfen uns Mentaltrainer dabei, in einen Zustand von psychischer Gesundheit zu gelangen. Dabei spielt der Erwerb von Bewältigungsstrategien eine wichtige Rolle, damit wir lernen, mit Extremsituationen angemessen und im besten Fall positiv umzugehen. Außerdem lehren uns gute Mentaltrainer, wie wir uns in der Balance halten, wie wir eine gesunde Mischung aus Anspannung und Entspannung finden und wie wir so das Potenzial abrufen, das uns zu zufriedenen und – das wäre das Sahnehäubchen – zu erfolgreichen Unternehmern werden lässt.

Ohne die richtigen Strategien läuft der Unternehmer im immer tiefer werdenden Haifischbecken des Wettbewerbes Gefahr unterzugehen, und ich bin mir völlig darüber im Klaren, dass uns ein paar philosophische Sinnsprüche allein nicht dazu bringen, der Konkurrenz auf den letzten Metern davonzulaufen. Vielleicht hatte Heather Dorniden damals auch einen Mentaltrainer an ihrer Seite, als sie das Unmögliche möglich gemacht hat? Man weiß es nicht.

Und noch eine schmerzhafte Begegnung mit Gevatter Tod

Nach dem Tod meines Vaters war meine Mutter der ausschlaggebende Grund, warum ich von München zurück nach Regensburg ging. Bis zum Tod meines Vaters hatte meine Mutter in unserem Familienhaus gewohnt, aber die drei Etagen waren für sie allein inzwischen viel zu groß geworden – zumal es den Betrieb nicht mehr gab – und so löste ich den Hausstand auf und das Haus wurde verkauft. Ich half meiner Mutter beim Umzug in ihre neue Wohnung und wir richteten es für sie so ein, dass sie sich wohlfühlen und ihr Leben ohne meinen Vater langsam in den Griff bekommen konnte. Bis zu dem Tag, als ihre beste Freundin, die sie schon seit dem Kindergarten kannte, bei einem Besuch bei ihr feststellte, dass mit meiner Mutter etwas nicht stimmte. Geistesgegenwärtig rief die Freundin den Notarzt und im Krankenhaus wurde festgestellt, dass meine Mutter ein Blutgerinnsel im Gehirn hatte. Meine Mutter fiel ins Koma und wachte erst ein halbes Jahr später als völlig veränderter Mensch wieder auf. Die letzte Zeit mit meinem Vater hatte ich von München aus nicht mehr so mitbekommen, wie ich es für angemessen und gut erachtet hätte. Das sollte mir mit meiner Mutter nicht ein zweites Mal passieren. Und so kam es zu der Entscheidung, dass ich meinen Lebensmittelpunkt langsam wieder nach Regensburg verlagerte. Meine Mutter und ich hatten uns für ein tolles Wohnkonzept entschieden, bei dem wir uns gegenseitig besuchen konnten, bei dem aber auch jeder seinen Freiraum hatte. Der Plan war gut, nur leider hatte das Schicksal einen anderen …

Nach der schier endlosen Zeit im Koma ging meine Mutter in Reha und ich musste nach ihrer Rückkehr schmerzhaft feststellen, dass sie nicht mehr die Frau war, die sie einst gewesen war. Meine Mutter war bis zu ihrer Erkrankung eine extrem ordentliche Frau; nach der Rückkehr aus der Reha war sie mit den kleinsten Dingen im Haushalt trotz Haushaltshilfe und Pflegedienst völlig überfordert.

Für mich war diese Erfahrung eine große Herausforderung, wie man sich leicht denken kann. Ich konnte mit meiner Mutter keine vernünftige Unterhaltung mehr führen. Ihre Antworten waren zusammenhanglos und oberflächlich und in gewisser Weise war ein Teil von ihr schon von mir gegangen. So ging das etwa noch ein halbes Jahr. Ich war regelmäßig bei ihr zu Besuch und kümmerte mich nebenher um den Neubau meiner Eigentumswohnung in Regensburg. So verbrachte ich schleichend immer weniger Zeit in München, wo ich auch keine neuen Aufträge mehr annahm und die Firma nach und nach auslaufen ließ, weil ich hauptsächlich als Reiseblogger unterwegs war.

Eines Tages stellte ich bei einem Besuch bei meiner Mutter ein eigenartiges Zucken an ihrer Hand fest und rief ihren Hausarzt. Der erste Verdacht auf einen Schlaganfall hatte sich gottlob nicht bewahrheitet, aber im Krankenhaus wurde dann eine Diagnose gestellt, die nicht minder schockierend war: Meine Mutter hatte einen Tumor am Stammhirn. Als nächstem Angehörigen wurde mir schnell und unmissverständlich klargemacht, dass dieser Tumor nicht entfernt werden konnte. Die nächsten Schritte mussten trotz des Schocks rational geplant und beschlossen werden: Bestrahlungen, Therapie und, besonders wichtig, ein Betreuungsplatz – denn nach Hause konnte meine Mutter leider nicht mehr. Trotz der Therapie verbesserte sich der Zustand meiner Mutter nicht, eher im Gegenteil. Ihr Schicksal schien besiegelt. Ich machte mich auf die Suche nach einem festen Platz in einer Seniorenresidenz und löste die neue Wohnung auf, auch wenn meine Mutter noch lange davon ausging, dass sie nach einer gewissen Zeit wieder in ein selbstständiges Leben zurückkehren würde. Je schneller der Tumor in ihrem Kopf wuchs, desto realitätsfremder wurde ihre Sicht auf die Dinge. Bis sie zum Schluss ungeduldig am Bettrand saß und behauptete, mein Vater hätte zu ihr gesagt, ich solle mich beeilen, weil er zu Hause auf uns warten würde. Spätestens an diesem Tag wurde mir klar, wie schlimm es um meine Mutter stand – und dass ich auch sie bald verlieren würde. Ich glaube, bis dahin hatte ich immer noch gedacht, die Therapie und die Medikamente würden mir meine Mutter schon irgendwann wieder zurückbringen.

Ich erinnere mich noch allzu gut an meine Gewissensbisse, die Wohnung meiner Mutter voreilig aufgelöst zu haben, auch wenn es damals Leute in meinem Umfeld gab, die mir bestätigten, dass es die richtige Entscheidung war und dass es zum Heim keine Alternative gegeben hatte. Eine Heilung war nicht mehr möglich und man konnte bei meiner Mutter förmlich zusehen, wie sehr sich Realität und Fantasie zu einer Einheit vermischten. Durch die Bestrahlung hatte meine Mutter ihre Haare verloren und es war für mich sehr schmerzhaft, sie in diesem erbärmlichen Zustand sehen zu müssen. Zu der Zeit war ich immer auch auf Reisen und mit jeder Rückkehr wurde mir der Verfall meiner Mutter auf brutale Art vor Augen geführt. Eine der letzten Erinnerungen an meine Mutter ist, dass sie pausenlos auf einen Lichtschalter an ihrem Bett gedrückt hat, ohne die Funktion dahinter zu verstehen. An diesem Tag konnte ich auch nicht mehr verstehen, was sie sagte. Das war kurz vor ihrem 60. Geburtstag. Meine Mutter hatte immer wieder den Wunsch gehabt, dass sie ihren runden Geburtstag schön feiern wollte. Für mich war es unheimlich wichtig, dass ich ihr diesen Wunsch noch erfüllen konnte, und so haben wir im kleinsten Kreis den Geburtstag mit den engsten Freunden zelebriert. Danach ging es dann leider weiter rapide bergab mit meiner Mutter.

Der Anruf aus Regensburg kam noch vor dem Frühstück. Ich war damals auf einer Pressereise in Griechenland. Meine Mutter war also tatsächlich von uns gegangen und auf die Frage, ob ich sie noch einmal sehen wolle, wusste ich nichts anderes zu antworten, als dass ich sie so in Erinnerung behalten wollte, wie ich sie zuletzt gesehen hatte. Ich erinnere mich daran, als ob es gestern gewesen wäre, wie ich auf dem Weg vom Zimmer in den Frühstückssaal nach Fassung rang. Meine Mutter war gestorben und ich sagte mir die ganze Zeit: So, jetzt ist es also passiert …

Die Kollegen warteten bereits auf mich und in meinem Schockzustand versuchte ich mir einzureden, dass es ja für meine Mutter das Beste gewesen war, dass sie gehen konnte. Gleichzeitig machte ich mir aber auch große Vorwürfe: Ich saß in einem riesigen superkomfortablen Ressort in einer der schönsten Gegenden Europas und ließ mir alle nur denkbaren Annehmlichkeiten gefallen – und hatte gleichzeitig meine Mutter allein in Regensburg ihrem Sterben überlassen. Dieses Schuldgefühl hat mich bis heute nicht ganz losgelassen. Beim Frühstück wollte ich gegenüber den internationalen Pressekollegen meine privaten Angelegenheiten nicht ausbreiten, aber in mir tobte ein emotionaler Kampf, den ich kaum in Worte fassen kann. Die Devise war *Augen zu und durch*, aber als ich nach dem Frühstück aufs offene Meer hinausschwamm, wurde mir in heftiger Deutlichkeit klar, dass ich ab diesem Zeitpunkt vollkommen allein auf der Welt war.

Besuch aus dem Jenseits V

Hallo, Markus. Mir ist seit unserem letzten Gespräch dieser Mann nicht mehr aus dem Kopf gegangen. Du hast ja immer wieder von ihm als dein großes Vorbild gesprochen. Dieser Apple-Mann, der leider schon viel zu früh gestorben ist.

Steve Jobs.

Genau, der Tschobbs. Was hat dich besonders an ihm beeindruckt, Markus? Was hast du von ihm gelernt?

Steve Jobs war eine der charismatischsten Persönlichkeiten der jüngeren Geschichte, finde ich. Ich habe mal gesagt, seine Produktpräsentationen sind keine Präsentationen, sondern Marketing-Pornos.

Aber Markus!

Ja, wenn es aber stimmt! Steve Jobs hat es wie kein anderer verstanden, sein Publikum in den Bann zu ziehen, und danach hat es keinen im Saal und vor dem Bildschirm gegeben, der nicht bereit gewesen wäre, sein letztes Hemd für das neue iPhone zu geben. Steve Jobs hat es durch seine Gabe verstanden, die Geschichte des iPhones (oder des iPads oder was auch immer) zu erzählen, und zwar so, dass einem im übertragenen Sinn das Wasser im Mund zusammenläuft. Jobs hat dabei keine plumpen Power-Point-Folien verwendet, sondern er hat mit markanten Worten, einem Flipchart, einem Stift und mit seiner Mimik und Gestik eine Welt erschaffen, in die man sich hineingeträumt hat. Steve Jobs wird für mich immer das leuchtende Vorbild als Keynote-Speaker bleiben. Er ist bis heute unerreicht.

Okay, Markus, danke! Ich glaub', ich muss jetzt in die Stadt. Wie lange hat denn der Apple-Shop geöffnet?

Epilog
oder das Parfum von Karl Lagerfeld

Ich kann heute nicht mehr beschreiben, wie Kernseife riecht, denn wahrscheinlich haben Sie doch recht: Sie riecht nach gar nichts. Das Parfüm von Karl Lagerfeld riecht deutlich besser, das kann ich Ihnen aber mit Sicherheit sagen! Ob es zu den erklärten Höhepunkten im Leben eines Menschen gehört, dass man einem großen, unnachahmlich charismatischen Mann wie ihm einmal sehr nah kommen darf, sei dahingestellt. Fest steht aber, dass ich bei einer Pressekonferenz in München niemals in Karl Lagerfelds Nähe gekommen wäre, wenn ich nach dem Hinfallen nicht aufgestanden wäre und wenn ich nicht immer und immer wieder an meinen Glaubenssätzen – an meinem Mindset – gearbeitet hätte.

Es war ein langer Weg, den ich gegangen bin, bis ich dorthin kam, wo ich mich immer hingewünscht habe. Ich kann Ihnen nur raten: Ziehen Sie niemals eine Latzhose an, wenn Sie Latzhosen nicht mögen. Lernen Sie niemals einen Beruf um des Berufes wegen oder gar, weil andere es von Ihnen erwarten. Und bitte, bitte hören Sie nicht auf, an sich zu arbeiten und daran zu glauben, dass Sie so gut wie alles erreichen können, wenn Sie es sich nur stark genug wünschen. Es ist nie zu spät, sein Leben zu ändern. Fangen Sie an damit! Heute, hier und jetzt.

Literatur

Beck, Aaron T.: *Prisoners of Hate: The Cognitive Basis of Anger, Hostility, and Violence.* New York: Harper Collins 1999.

Beck, Aaron T.: *Liebe ist nie genug: Missverständnisse überwinden, Konflikte lösen, Beziehungsprobleme entschärfen.* München: Deutscher Taschenbuchverlag 1994 (Original: 1988).

Böhm, Eric: *Wie Ruth den Yankee-Mythos erschuf*, Sport1(26.12.2021, 14.54 Uhr): Abgerufen am 25.01.2022 auf https://www.sport1.de/news/us-sport/mlb/2019/12/mlb-babe-ruth-kam-vor-100-jahren-von-boston-zu-new-york-yankees.

Brunstein, Joachim, Dargel, Anja & Maier, Günther (2007). Persönliche Ziele und Lebenspläne: Subjektives Wohlbefinden und proaktive Entwicklung im Lebenslauf. In Jochen Brandtstädter & Ulman Lindenberger (Hrsg.): *Entwicklungspsychologie der Lebensspanne* (S. 270–304). Stuttgart: Kohlhammer.

Collins, Jim: *Der Weg zu den Besten. Managementprinzipien für dauerhaften Managementerfolg.* München: Deutscher Taschenbuchverlag 2003.

Dweck, Carol: *Selbstbild: Wie unser Denken Erfolge oder Niederlagen bewirkt.* München: Piper Verlag 2017.

Freud, Siegmund: *Zur Psychopathologie des Alltagslebens über Vergessen, Versprechen, Vergreifen, Aberglaube und Irrtum.* Urheberrechtsfreie Ausgabe.

Fröhlich-Gildhoff, Klaus & Rönnau-Böse, Maike: *Was ist Resilienz und wie kann sie gefördert werden?* https://www.br-online.de/jugend/izi/deutsch/publikation/television/31_2018_1/Froehlich-Gildhoff_Roennau-Boese-Resilienz.pdf, Abgerufen am 14.02.2022, 7.10 Uhr.

Gawdat, Mo: *Die Formel für Glück. Und wie Sie diese nutzen.* München: Redline-Verlag 2018 (Original: 2017).

George Lucas (2006, 05) in Wikipedia: https://de.wikipedia.org/wiki/George_Lucas#Star_Wars: Abgerufen am 27.01.2022, 08:07 Uhr.

Hill, Napoleon: *Denke nach und werde reich: Die 13 Gesetze des Erfolgs.* Genf: Ariston 2006.

Isaacson, Walter: *Steve Jobs: Die autorisierte Biografie des Apple-Gründers.* München: btb Verlag 2012.

Nietzsche, Friedrich: *Ecce Homo, Götzen-Dämmerung,* Kritische Studienausgabe, Bd. 6. Hrsg.: Giorgio Colli und Mazzino Montinari, Deutscher Taschenbuchverlag München und New York 1980.

Seebold, Elmar (Hrsg.): *Kluge: Etymologisches Wörterbuch der deutschen Sprache.* De Gruyter 25., aktualisierte und erweiterte Auflage 2011.

Schneider, Martin & Vogt, Markus: *Zauberwort Resilienz: Analysen zum interdisziplinären Gehalt eines schillernden Begriffs.* https://mthz.ub.uni-muenchen.de, Abgerufen am 01.02.2022, 9.21 Uhr.

Watzlawick, Paul: *Anleitung zum Unglücklichsein.* München: Piper Verlag 1983.